非行臨床の焦点

生島　浩著

Ψ
金剛出版

まえがき

　非行臨床に従事する実務家として，わが国の「非行臨床研究」の貧困を嘆いたことがある。非行に関する書物は書店に溢れているが，社会の耳目を集めた事件を取り上げたルポルタージュは別として，専門書の中でも非行行動を心理学的に解説したものや社会・時代的背景を読み解いたもの，あるいは，欧米の研究を借りて非行少年を類型化してみたものなどに比べ，具体的な援助実践に焦点を当てたものは，今もけっして多くはない。

　縁あって2年前に大学院教官となり非行臨床を講じ，非行臨床研究に従事する立場に転身した。先学を批判するのではなく，非行臨床の現状と実践課題に焦点を当てた大学院で使用するテキストを自ら書かねばならない。非行臨床に従事する実務家の専門性確立に役立ち，現職教員も含めた大学院生の非行臨床への関心を高め，この世界へ有力な新人を獲得したい，そのような欲張った思いを抱いて執筆を始めた。20年余り保護観察官として臨床実践は重ねてきたつもりであったが，まずもって，非行臨床の基本的仮説を作り上げる理論的裏付けが足りない，何よりも，臨床を論じるための土台となる人間観ができていない，苦行・難渋の連続である。

　本書は，非行臨床の現場で使いでのある処遇技術や家族援助の実際について記述した『非行少年への対応と援助――非行臨床実践ガイド』（金剛出版・1993年刊），少年法改正前に少年非行の変質と社会の対応について論じた『悩みを抱えられない少年たち』（日本評論社・1999年

刊）に続く3冊目の単著となる。

　第1章は，2001年4月から施行されている改正少年法の概要と非行臨床機関の実情を紹介し，本書全体を読み通していただくための基礎的な事項の理解が得られるよう配慮した。

　第2章は，少年非行の戦後からの動向を概説して，「何が変わったのか・変わらなかったのか」を明らかにし，非行臨床がターゲットにすべき今日的課題を具体的に明示するよう努めた。

　第3章は，臨床心理学の講座に収めた論考が基になっており，システム論の立場から非行臨床研究全体を概括した教科書的な内容である。司法である家庭裁判所調査官や矯正機関に属する心理技官ではない保護観察官が，この領域全体を見通した専門論文を書いたことはなく，編集者から依頼されたときは正直に嬉しかったことを覚えている。

　第4章は，もうひとつの私の専門領域である家族臨床と非行臨床とが融合された論文で，臨床現場で最も対応の困難な家庭崩壊と家庭内暴力について家族システム論に基づく援助の観点から論述した。

　第5章は，援助実践としての心理教育的アプローチである「家族教室」について詳述したものである。非行臨床において，構成的グループ・エンカウンターやSSTの新しい手法を実践した最初のものであると自負している。家族へのサポートの重要性は改めて述べるまでもないが，現場ではその多忙を言い訳にして，「家族教室」などの家族援助プログラムが展開していないのが現状である。非行臨床においては，保護者の能力はけっして高くなく，強力な専門家の支えが不可欠であり，自助グループ的アプローチには自ずから限界があることを強調したい。

　第6章は，大学へ移ったのと同時に始めたスクールカウンセラーの経験から，学校臨床における非行など問題行動のある生徒とその保護者への援助について私見をまとめた。生徒指導には自信のある教師も保護者への対応には皆大変苦慮している。私立学校は当然として，公立校であ

っても，教育サービスに従事する教師の給料を払っているのは納税者である保護者であり，まさにクライエント（顧客）としての扱いの基本が学校現場では忘れられているとの感が強い。

　第7章は，心理臨床で大きな問題となっているトラウマへの対応に関連して非行臨床の立場から家族トラウマを中心に言及したものである。非行少年への虐待などの被害体験に対する治療的働きかけと犯罪被害者施策としての贖罪教育とが連関していることを主張した。一方で，非行少年の生育歴にほとんど見られる虐待を含めたトラウマ体験を探し当て，「トラウマに関わる心理療法的アプローチを行うことこそが非行少年への真の援助となりうる」といった粗雑な議論が流布する危惧を抱いている昨今である。

　第8章は，社会の関心が高い精神障害・発達障害の診断名が付された非行少年への対応について，臨床家として必要不可欠な知見を中心にまとめたものである。2001年度から厚生労働科学研究班のひとつに加わり，多くの児童思春期精神医療の専門家との議論から得たものに拠っている。

　第9章は，本書全体のまとめの意味もあり，重大・凶悪な非行への対処について論述した。議論の基礎となる非行少年の予後に関する統計が関係機関から公表されていないので客観的には不十分なものであるが，その分，本書の中では，著者の非行観が一番色濃く出ているかもしれない。

　いずれの章も，これまでの臨床経験を再吟味する試みから生まれたものだが，それ故に独善に陥っていないかを怖れるものである。本書が，非行臨床研究のいささかの進展に寄与すれば望外の喜びであるが，問題を抱えた子どもとその家族の援助に関心を持つ読者からの多くのご批判・ご助言をいただければ幸いである。

　なお，本書に収められた論文の多くは，これまで共著や専門誌に収め

られていたものを再構成し大幅な修正を加えたものであり，巻末にその一覧を記すと共に転載を許可された出版元への謝意を表したい。
　最後に，著者の非行臨床研究の第一歩となった『非行少年への対応と援助』の刊行から現在に至るまでその遅々とした歩みを暖かく見守っていただいている金剛出版の田中春夫社長に御礼申し上げる。

　2003年初春に

生島　浩

非行臨床の焦点●目次

まえがき ……………………………………………………………… 3

第1章　改正少年法と非行臨床機関
　　　　　──非行少年はどのように扱われるのか── …………… 13
1　改正少年法の主な内容 ─────────────13
2　非行少年の処遇と非行臨床機関の概要 ────────16
3　非行臨床機関の現状と課題 ────────────20

第2章　少年非行の動向と非行臨床の今日的課題 ……… 29
1　少年非行の動向 ───────────────────29
2　非行臨床の今日的課題 ─────────────33

第3章　司法・矯正領域における心理臨床モデル ……… 44
1　非行臨床の展開 ───────────────────45
2　非行臨床の機能と特質 ─────────────49
3　非行臨床の基本技法 ──────────────57

第4章　非行臨床における家族問題への対応
　　　　　──家庭崩壊と家庭内暴力を中心に── ……………… 64
1　非行臨床からみた家族問題 ────────────64
2　非行からの抜け道がない家庭崩壊 ───────────66
3　非行への対処が悪循環──家庭内暴力 ───────70
4　非行臨床における家族支援 ────────────76

第5章 非行臨床における心理教育的アプローチ
──保護観察所における「家族教室」の試み── ……79

1 非行臨床における心理教育的アプローチの概要 ───79
2 保護観察所における「家族教室」の試み ───84
3 非行臨床における「家族教室」の課題 ───95

第6章 学校心理臨床における非行問題
──保護者へのサポートを中心に── ……… 98

1 学校心理臨床と非行問題 ───98
2 スクールカウンセラーとしての保護者へのサポート ───99
3 非行問題の事例 ───103
4 学校教育相談の留意点 ───106

第7章 非行少年の被害体験と贖罪
──非行臨床におけるトラウマへの対応── ……… 110

1 家庭関係からの傷つきをどう受け止めるか ───110
2 こころの傷を抱えられない女子非行の事例 ───112
3 非行臨床における贖罪への働きかけ ───119
4 家族関係からの傷つきを訴える摂食障害の事例 ───123
5 非行臨床におけるトラウマへの対応 ───126

第8章 少年非行と行為障害
──精神障害を抱えた非行少年への対応── ……… 133

1 はじめに ───133
2 少年非行と行為障害との関連 ───134
3 行為障害の併存障害 ───137
4 事例 ───139

5	精神医学的治療と非行臨床	143
6	おわりに	146

第9章　凶悪な少年は立ち直れるのか
──重大な非行への対応── ……………………………… 149

1	はじめに	149
2	非行少年のタイプと立ち直りの可能性	151
3	統計からみる非行少年の予後	155
4	凶悪な非行に対する臨床的課題	159
5	おわりに	160

非行臨床の焦点

改正少年法と非行臨床機関
―― 非行少年はどのように扱われるのか ――

　改正少年法が，2001年4月から施行されている。1970年に法務大臣から法制審議会に対し少年法改正要綱が諮問され，1977年には中間答申が行われていたにもかかわらず立法化に至らなかったものが，あっという間に議員立法により2000年11月28日に国会で成立したものである。少年非行を取り扱う法的な枠組みである少年法が，1948年以来全面的に改正された今，その影響を直接的に受ける公的な非行臨床機関の機能について犯罪白書にある統計データも参照しながら詳述することにしたい。

1　改正少年法の主な内容

　改正少年法は，事件を否認する少年への対応など家庭裁判所における事実認定手続の適正化に始まり，最近の凶悪・重大な少年非行に対処するための刑事罰適用年齢の引き下げなどの厳罰化とさまざまな要素が入り交じっているのが特徴となっている。そこで，非行臨床の実務家の視点から重要と思われる点を中心に，改正点の概要と問題点を私見を交えて論じてゆくこととする。

(1) 否認事件への対応

　1993年に起きた「山形マット死事件」など被疑者とされた少年たちが非行事実を否認する事件が増加したことに対処するために、殺人や傷害致死などの重大な事件では、成人の裁判と同様に、審判に検察官と弁護士が出席できることとなった。その結果、裁判官の前で弁護士・検察官が法律用語を駆使して争う場面が多くなり、肝心の加害者である少年が、当事者意識を持てなくなるのではないかという懸念がある。「弁護士が自分の代理人として一生懸命やってくれている」と自分に引き付けて考えられるような少年であれば、このような非行はおそらく犯していないからである。

　また、審判前に資質鑑別のため少年鑑別所に収容できる観護措置期間を、最長4週間であったものが8週間まで延長できることとなった。これまでも精神鑑定が必要な事案は別途その期間が取られていたから、観護措置を延長するケースは事実認定が難しく、結果的に「非行事実なし」と判断されるものも多くなるのではないだろうか。そうであれば、慎重な審判には必要な時間であるかもしれないが、2か月近く学校や職場から引き離されてしまうことは、少年の立ち直りには重大な悪影響を残すことになってしまうであろう。

(2) 凶悪・重大な非行への対応

　成人と同じように裁判を受けさせる刑事罰適用年齢を16歳以上から14歳以上に引き下げることとなった。しかし、刑事罰というのは、刑務所での懲役という意味だけではなく、執行猶予や罰金も含まれるのであり、保護処分である少年院に収容されるより、形式的には保護処分よりは重く前科は付くが執行猶予で自由の身になる処分を望む少年も出てくるであろう。仮に保護観察の付かない単純執行猶予となれば、その少

表1 「原則検察官送致」の対象となった少年に対する家庭裁判所の処分状況

	合計	検察官送致	保護処分	特別少年院	中等少年院	医療少年院	保護観察
殺　　　人	17	8(47.1%)	9(52.9%)	1	4	2	2
傷害致死	67	40(59.7%)	27(40.3%)	3	20	−	4
強盗致死	16	13(81.3%)	3(18.7%)	−	3	−	−
危険運転致死	12	11(91.7%)	1(8.3%)	−	1	−	−
合　　計	112	72(64.3%)	40(35.7%)	4	28	2	6

注　平成13年4月1日から平成14年9月30日までに家庭裁判所において終局決定のあった人員である。罪名は認定罪名による。

年は専門的な指導や教育が施されることはないのである。

　さらに，16歳以上で殺人，強盗致死など被害者を故意に死亡させる重大な事件を行った少年には，原則として家庭裁判所から検察官に逆送され刑事罰を適用することが規定され，裁判を受ける間教育的な働きかけもなく単調な未決拘禁の生活を送ることになる。これには，適用除外ができるただし書きがあり，現実に家庭裁判所がどのような運用を行うのかを見定めなければ何とも言えない。最高裁判所によれば，改正少年法が施行されてから1年6か月が経過する時点では，「原則検察官送致」の対象となる殺人の47％，強盗致死の81％が検察官へ逆送され刑事裁判を受けることになったという（表1）。少年法改正前10年間の平均は，殺人25％，強盗致死42％であるから，かなりの上昇率ということができる。ところで，強盗致死より殺人の方が逆送率が低いのは，複雑な家庭の事情があって，近親者が被害者となるなどいわゆる"わけあり"の事件が少年の殺人には多いからであろう。

（3）被害者等への対応

　被害者の人権への配慮として，被害者（遺族）から申し出があったときは，その心情や意見を家庭裁判所が聴取することになった。しかし，

被害者が意見を裁判に最も反映させたいと思うわが子を理不尽にも殺害されたような事件では,「極刑・厳罰に処してもらいたい」以外の感情が表明されることは考えにくい。現実には被害者感情を全てダイレクトに審判結果へ反映させることもできず,被害者(遺族)はいたたまれない感情を強く抱くことになることが危惧される。仲介者のもとで被害者と加害者が直接コンタクトし謝罪する「和解プログラム」の有用性が一部の学者や弁護士などから喧伝されているが,被害者からは「軽々しく和解という言葉を使うな」と強い批判が寄せられている。法改正という政策判断で被害者の心を開くシステムを整えた以上,現状の民間ボランティア頼みというのは筋の通らない話である。被害者の声を聞きっ放しにすることなく,その後の心理的援助システムの確立が急務である。

　また,マスコミの注目度は低いが,保護者に対し責任を自覚させるために訓戒・指導の措置が法的権限をもってできるようになった。これまでも,非行少年の家族に対する援助は,各非行臨床機関により行われてきてはいたが,不思議なことにわが国では明文化された法的な裏付けがなかったのである。これを受けて家庭裁判所調査官によって非行少年の保護者に,被害者に対する謝罪や弁償を指導したり,悩みや体験を語り合う「保護者会」のような取り組みが見られるようになった。ただし,改正後の規定でも,参加はあくまで保護者の任意であり,欧米のように家庭裁判所の命令により家族援助プログラムに参加させることはできないために,動機づけの乏しい親への指導はこれまでと変わらず困難である。

2　非行少年の処遇と非行臨床機関の概要

　本書の理解を助けるために,非行少年の法的な取り扱いと非行臨床機関の概要について概説したい[1]。

少年非行は，非行少年の刑事司法上の手続について規定している少年法に基づく法的概念である。そこでは，次の3種類に非行少年（男子と女子を区別することなく「少年」と呼んでいる）を分けている。図1の「非行少年処遇の流れ」を見ながら，以下の解説を読んでいただきたい。

（1）犯罪少年

　14歳（刑事責任年齢）以上20歳未満の罪を犯した少年で，少年法に基づく刑事司法手続が適用される。通常は，警察で補導され，検察庁を経て，家庭裁判所に少年自身の大半は在宅のまま書類だけが送られる。前述のように改正少年法において，犯時14歳以上であれば刑事裁判を受けることになり，殺人など重大な非行を犯し実刑となれば，16歳になるまでは少年院，その後は全国8か所の少年刑務所で受刑することになった。ただし，2001年中に刑が確定した16歳未満の少年はいなかったし，同年における少年新受刑者はわずか55人（うち女子3人）にすぎない[2]。なお，18歳以上であれば死刑を言い渡すことができるのは変更がない。

（2）触法少年

　14歳未満で刑罰法令に触れる行為を行った少年で，児童福祉法上の措置が優先される。つまり，14歳が刑事責任年齢なので，それ未満は刑事責任が問えず，違法行為を行っても「犯罪」とはならず，「触法」と呼ばれる。「14歳未満だから何をやっても少年院には行かないですむ」とうそぶく子どももいるが，刑事責任年齢に満たない少年は放置されるわけではなく，警察に補導され，児童相談所などに通告される。さらに，児童自立支援施設（旧教護院）などへの入所措置がなされることもある。ただし，非行内容が重大であったり，少年が事件を否認しているときなどに児童相談所長から家庭裁判所へ事件が送致され審判が開かれること

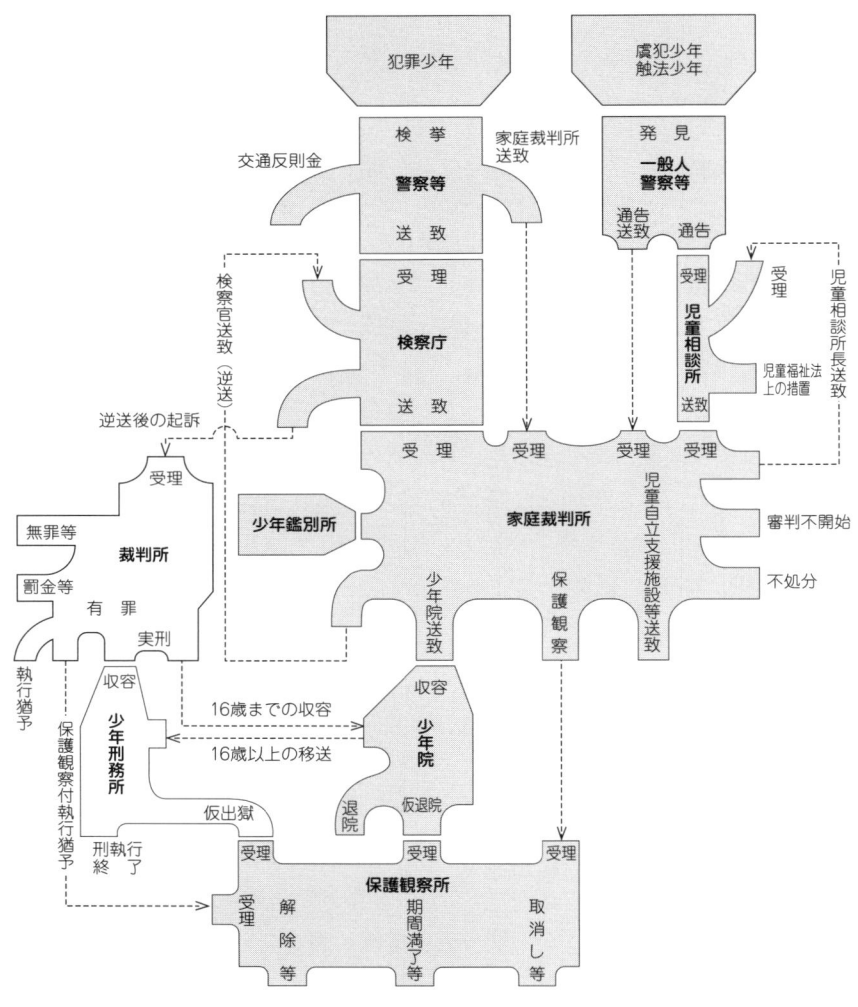

注　『平成14年版犯罪白書』190頁より転記。
図1　非行少年処遇の流れ

があるものの少年院送致になることはない。

(3) 虞犯少年

20歳未満で，
　①保護者の正当な監督に服しない性癖のあること
　②正当な理由がなく家庭に寄り付かないこと
　③犯罪性のある人若しくは不道徳な人と交際し，又はいかがわしい場所に出入りすること
　④自己又は他人の徳性を害する行為をする性癖のあること

のいずれかの行状に当てはまり，その性格・環境などから，将来，犯罪や触法行為を行う虞のあるものを虞犯少年といい，これらの少年に対しては危機介入的に関与がなされる。具体的には，家出中に不純異性交遊を繰り返し保護する必要性に迫られている少年などである。虞犯の場合は，14歳未満であれば，「触法少年」同様児童福祉上の措置が優先され，まずは児童相談所などへの通告がなされる。14歳以上18歳未満なら家庭裁判所に送致されることも，児童相談所長に通告されることもあり，18歳以上なら家庭裁判所へ直接送致される。

　以上の三つのほかに，警察では，「非行少年」には該当しないものの，飲酒・喫煙・けんかなど自己または他人の徳性を害する行為をしている少年（不良行為少年）や虐待され・酷使され，または放任されている少年（要保護少年）についても，補導や保護の対象としている。これらに対しては，保護者や教師等への心理教育的助言や相談活動にとどまり，これまで述べてきたような取り扱いがとられることはない。

　表2に，非行少年に関わる公的臨床機関の概要をまとめたので参照されたい。

　なお，非行行為をアメリカ精神医学会の「精神疾患の診断・統計マニュアル」に当てはめたものが「行為障害」であり，その概念については

第8章で詳述するが，上記の法的概念とはまったく別のものである。その診断基準は，アメリカの社会文化的背景からであろう，動物に対するものを含めた攻撃性に重点が置かれている。また，窃盗や放火などの違法行為に加え，「しばしば嘘をつく」といった対人行動上の事項を挙げており，公的な非行臨床機関の現場では，医療少年院などを除けばこれに基づいて評定・分類されることは通常ない。

3　非行臨床機関の現状と課題

主な非行臨床機関ごとに，その役割・機能に加え，改正少年法の内容

表2　公的な非行臨床機関の概要

臨床機関	対象となる少年	臨床機関の特徴等
警察の少年相談（警察署の生活安全課少年係）	非行や問題行動のある少年・犯罪や非行の被害にあった少年	心理職員等による保護者を中心とする面接相談のほか，「ヤング・テレフォン・コーナー」などの名称による電話相談も行っている。
児童相談所（都道府県，指定都市に義務設置）	問題行動やそのおそれのある18歳未満の少年	児童福祉司や心理判定員による調査・診断に基づき，相談のほか児童福祉施設への措置を行う。家出中の児童などを保護する一時保護所を付設しているところもある。
家庭裁判所（地方裁判所に対応して置かれる）	警察で補導・検挙された少年	非行を犯した少年の資質や家族・学校など少年を取り巻く環境を調査し，非行事実の認定と少年の処分の決定を行う。家庭裁判所調査官が「保護的措置」や「試験観察」において面接指導などを行っている。
少年鑑別所（法務省所管，全国52施設）	家庭裁判所の観護措置の決定により送致された少年	家庭裁判所での審判のために，少年を最高8週間まで収容し，心理技官等が資質の鑑別を行う。また，観護措置ではない一般相談の窓口も設けている。
児童自立支援施設（国立2，公立53，法人立2施設）	児童相談所や家庭裁判所の決定により送致された少年	職員が児童と生活を共にし，開放的な雰囲気の中で生活指導や学科指導を行う。児童福祉法改正（1998年施行）により名称が教護院から変更されたほか，通所による指導や退所後の支援も行うことになった。

も織り込んで，現在抱えている問題点について指摘したい。

(1) 警察

「全件送致主義」といって，警察は，少年事件のすべてを家庭裁判所に送らなければならない。しかし，現実には，膨大な数の事件処理を行うことができないので，訓戒や指導・助言で終わったり，前歴がなく軽微な窃盗や傷害などでは，処分されないことを前提とした書類だけの送致が行われている。少年法改正により，厳密な非行事実認定に足る捜査や調書の作成などが行われるのはいいが，現場での補導や審判に至る姿勢も成人事件同様のものとなる懸念がある。具体的には，事件数が多い

表2　つづき

臨床機関	対象となる少年	臨床機関の特徴等
保護観察所（法務省所管，全国50か所）	家庭裁判所で保護観察に付された少年及び少年院を仮退院中の少年	保護観察官とボランティアである保護司が協働し，地域社会との連携により生活指導や家族調整などの社会心理的援助を行う。その期間は原則20歳までだが，更生したと認められた場合は早期に終了する。
少年院（法務省所管，全国52施設）	家庭裁判所で少年院送致となった少年年齢，犯罪傾向，心身の状況に応じて，初等・中等・特別・医療の4種類の少年院のいずれかに収容される。	生活訓練に加え教科教育や職業教育などを行う男女別の矯正施設。収容年齢は原則14〜20歳だが犯罪傾向が進んでいる者は23歳未満，心身障害のある者は26歳まで収容することができる。成績が良好な場合には仮退院となり，保護観察所の指導に移行する。
少年刑務所（法務省所管，全国8施設）	懲役又は禁錮の刑の言渡しを受けた者のうち，第一審判決時20歳未満である少年受刑者と26歳未満の成人も収容されている。	少年受刑者に対しては，溶接などの職業訓練に力が入れられ教科教育についても公立高校の分校が設けられたり，高校通信課程を受講させている施設もある。16歳に達するまでは上記の少年院で矯正作業を課されることなく受刑することになっている。

表3 　虞犯の態様別家庭裁判所終局処理人員（平成元年～平成13年）

年次	総　数	女子	家出	不良交友	不純異性交遊	怠学	不健全娯楽	夜遊び	その他
元	1,936	1,189	912	250	216	113	42	101	302
2	1,876	1,088	821	289	198	98	38	92	340
3	1,550	921	690	213	164	90	22	79	292
4	1,310	791	533	235	163	65	37	46	231
5	1,008	570	425	186	117	58	8	36	178
6	857	522	359	167	118	45	13	17	138
7	770	468	337	126	109	45	9	25	119
8	863	525	337	163	128	46	10	21	158
9	808	452	334	145	92	55	9	23	150
10	856	488	354	117	126	35	10	38	176
11	839	434	338	139	108	50	5	34	165
12	968	490	369	152	154	37	8	36	212
13	1,026	559	419	165	162	47	5	21	207

注1　司法統計年報による。
　2　所在不明等による審判不開始及び不処分を除く。

　少年は，事件ごとに何度も再逮捕が繰り返されて長期間勾留されることになろう。また，成人とは異なる扱い，たとえば「虞犯」といった犯罪に至る前に予防的措置として非行臨床機関が関与できる措置が，さらに後退・消極化することが予想される。表3のとおり，家出や不純異性交遊といった「非行の入り口」的な問題行動が，審判の対象になることは社会の変化もあって急減している。さらに，シンナー等の有機溶剤は，薬物乱用の入り口であり，深刻な薬物依存に至らないよう早期に目をかける必要があるが，補導され大人が気づくことになる少年も激減していることは大いに気になるところである（図2）。生活の乱れから始まる虞犯行為や少年の薬物乱用は深刻化していることはあっても，状況が改善しているとはとても臨床の実感からは思われない。早期発見・早期治療が鉄則のはずだが，非行性が深まっていない段階での少年が，警察から家庭裁判所に送致されずに放置されていることはないのであろうか。

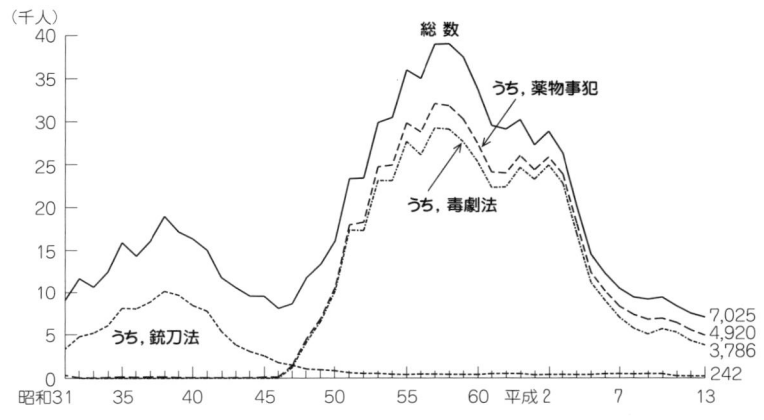

注1　警察庁の統計による。
2　触法少年を除く。
3　「薬物事犯」とは，覚せい剤取締法違反，麻薬取締法違反，大麻取締法違反，あへん法違反及び毒劇法違反をいう。
4　『平成14年版犯罪白書』183頁より転記。

図2　少年特別法犯の送致人員の推移（昭和31年～平成13年）

（2）児童相談所

　家庭環境に非行の主な原因のある18歳未満の者，特に14歳未満の少年は，児童相談所の措置が優先される。しかし，呼び出しによる調査や措置に強制力がないこともあって，警察などからの通告件数も少なくなり，全体の相談件数の中で，知的障害・肢体不自由をはじめとする障害相談が過半数を占め，非行相談は約4％にすぎない[3]。虐待相談件数が急増するなかで，非行に関わっている余裕はない，というのが現場での実感かもしれないが，非行少年の生育歴に子ども虐待の事実があることが注目されており，虐待を受けている子どものケアが，非行予防の観点からも重要である。

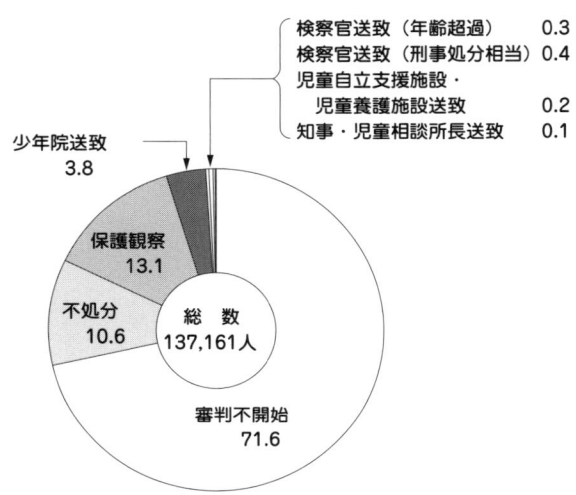

注1 司法統計年報による。
2 道路上の交通事故に係る業務上過失致死等,道交違反及び虞犯を除く。
3 『平成14年版犯罪白書』196頁より転記。

図3 少年保護事件の家庭裁判所終局処理人員構成比(平成13年)

(3) 家庭裁判所

　裁判官は,家庭裁判所調査官の非行原因や少年の家庭環境などに関する調査結果などを参考にしながら審判を開くかどうかを判断するが,調査官の指導・助言に止まる「審判不開始」が約7割となっている。審判が開かれた場合も,非行事実は存在するが,保護処分にするまでもないとして「不処分」とされるものが約1割である。結局,保護処分になるのは2割もなく,少年院送致などはわずか4％にすぎない(図3)。
　ここが大きな問題で,「犯罪事実のない虞犯や被害者のいないシンナー乱用だけでは少年院には送れない」とか,「審判を行うこと自体が少年へのレッテル貼り,過大な心の傷となる」といった従前の議論は意味をなさない。非行事実があるのであれば,保護観察などの保護処分,特

に16歳未満の年少少年であれば，今はほとんどないに等しい児童自立支援施設送致や少年院への収容を適正に行う必要がある。マスコミのミスリードもあって「非行少年を甘やかしている，きちんと責任をとらせるべきだ」という世論の圧力が強まっているが，保護処分の割合を高めることはこれを回避することにもつながるであろう。

（4）少年鑑別所

家庭裁判所が観護措置の決定をした少年を収容し，行動観察や心理テストを多用して資質鑑別を行い家庭裁判所の審判などに活用されている。観護措置の場合は殺人や覚せい剤取締法違反事件などの重大で要保護性が高い事件では9割を超えるが，少年事件全体では，約1割に過ぎない。収容期間は従来おおよそ3週間であったものが，少年法改正により重大事件で非行事実の認定が難しいケースは最長8週間まで延長できることになった。しかしながら，事件そのものを否認している少年に対して心理テストを施行したり，内省を深めるために働きかけることなどは現実的でないし，16歳以上の原則的に検察官逆送となるケースでは家庭裁判所の処分結果が見えているだけにきちんとした鑑別が行われるものか疑問が生じる。

（5）児童自立支援施設

1997年の児童福祉法の改正により，「教護院」から名称が変更となるとともに，対象が家庭環境の理由などで生活指導が必要とされる児童に拡大された。後述の少年院と違って児童福祉施設であるとの理由から，収容期間も原則的にプログラム化されておらず，中卒時や18歳になるまで在所するケースが多いものの，保護者が強引に引き取ったり，少年が出て行ってしまうと事実上元に戻せない点が大きなネックである。また，これまで義務教育に「準ずる教育」がなされてきたが，1998年度

から学校教育が実施されることになった。しかしながら，義務教育を導入している施設は約半数にとどまっている[4]。

ところで，2002年10月に，愛知学園に在園していた中学生4人が逃げ出すために，けんかを装って学園職員をおびき出して殺害し，6万円余りを強取するというショッキングな事件が起きた。家庭崩壊などから生育過程でマイナス要因が多く，虐待経験者も少なくないために深刻な問題性を抱えている子どもの施設でありながら，「逃げ出すことが許されない少年院とは違う，何回逃げても職員が関わり続けることによってやがて落ち着いてくるのを待つのが児童福祉施設だ」という内外の強い思いに支えられて少年院とは〈差別化〉が図られてきた。ところが，最大の特徴であった実際の夫婦が24時間子どもの面倒を見る夫婦小舎制が労働条件の問題から多くの施設で維持できなくなり，防御術も含めた必要な研修も不十分なままに専門的技能を持たないスタッフを配置してきた代償が顕在化したと言わざるを得ない。「逃げる子どもは無理に追わない」体制が長く続いてきたが，「殺意を持って向かってくる子ども」を想定しなくてはいけないのが悲しい現実である。

(6) 保護観察所

家庭裁判所で言い渡された保護観察処分，あるいは，少年院からの仮退院者に対して，遵守事項を守らせるための生活指導や家族への心理教育的助言を行っている。しかし，専門職員である保護観察官が700人余りにすぎず，一人当たり平均で約90件，大都市では200件を超えて担当しているのが現況であり，地域の篤志家である4万8千人余りの保護司に大きく依存したシステムとなっている。近年は，地域社会の変質に伴い保護司の適任者が得られにくくなる一方で，薬物依存者や精神障害を抱えた少年など処遇困難者の増加が著しく，保護観察官による専門的な心理・社会的援助の拡大が喫緊の課題となっているが，そのスタッフ

の質量ともにあまりにも不足している⁽⁵⁾。

(7) 少年院

　少年の年齢や心身の状況などにより，初等・中等・特別・医療の4種類に分かれている。収容期間は，基本的には6か月以内の「短期処遇」と2年以内の「長期処遇」があり，人権保障の観点から収容期間は当初家庭裁判所が勧告したものが厳守され，出院に備えての家族調整や被害者感情に配慮した弾力的な運用がこれまでほとんどなされてこなかった。なお，神戸の「小学生連続殺傷事件」を契機として，1997年に特に重大な非行を犯し，少年の持つ問題性が極めて複雑・深刻な事例のために，2年を超える期間の贖罪教育を加えた処遇プログラムが新設されている。

　身体疾患（妊娠中も含む）の他に，知的障害や精神疾患を抱える少年は，全国5か所の医療少年院に収容されている。その期間は例外的に26歳未満までとなっており，院内には精神科医も常勤して治療にあたっている。しかし，わが国全体の児童思春期精神医療の貧困によるところが大きいが，医療少年院の精神科医が発達障害を含めた思春期青年期精神医学を専門とする者とは限らないことは事実である。さらには，妄想・幻覚などの精神症状に対する薬物治療は行っても，人格障害に対する心理療法的アプローチまで踏み込んだ治療を行うスタッフは確保されていない。

　また，出院後の治療継続が不可欠であるにもかかわらず，児童思春期を専門とする精神科医が少ない上に専門病棟は全国でも10か所前後にすぎず，行為障害などに対応できる専門医はさらに限定される。医療少年院で働く医師の個人的なネットワークに頼っているのが実情であり，医療少年院で処方箋をもらってきても，自宅からの受診施設が見つからず途方に暮れる保護者が少なくない。

(8) 少年刑務所

　実刑判決を受ければ，全国8か所の少年刑務所に収容されるが，入所時に20歳未満の者は年間50人前後にすぎない。少年法が改正されても，適用が限られる重大犯罪が急増しないかぎり，ひとつの少年刑務所にわずか数人の少年受刑者が，多くの成人受刑者に交じって刑務作業に従事している状況に大きな変動は生じないであろう。被影響性が強く，社会性の発達こそが求められる年齢であるにもかかわらず，暴力団員の受刑者も少なくなく，グループ・アプローチも困難な長期にわたる受刑生活が，少年の立ち直りに良い影響を与えるとは考えにくい。

　これまで述べてきたように，非行臨床家から見ると，今回の少年法改正でもさまざまな問題が残されている。この法律の最後には，「政府は，5年間を経過した時点で，法施行の状況を報告するとともに検討を加え，法制の整備など所要の措置を講ずるものとする」と規定されている。いくつかの衝撃的な事件に流された皮相な議論ではなく，実証を踏まえた冷静な提案を行うことが，臨床に従事する実務家はもとよりわれわれ非行臨床研究者の責務である。

●参考文献
（1）田宮裕・廣瀬健二編『注釈少年法【改訂版】』，有斐閣，2001
（2）法務省法務総合研究所『平成14年版犯罪白書』
（3）財団法人厚生統計協会『国民の福祉の動向・厚生の指標』臨時増刊，第49巻12号，2002
（4）内田信彦「児童自立施設の現状と課題」，『犯罪と非行』No.134，122-139，2002
（5）法務省保護局「更生保護の現状」，『法曹時報』第54巻6号，1677-1729，2002

少年非行の動向と非行臨床の今日的課題

1 少年非行の動向

 戦後の非行を振り返ると，1951年（昭和26年），1964年（39年），1983年（58年）に各ピークを迎えた時期と現在までの4期に分けることができる（図1参照）。それぞれの時期に起こった少年事件も紹介しながら特徴を述べたい[1]。

(1) 第1期（1945年から1958年）

 「生き抜くため」といった明確な動機付けがあり，窃盗や横領といった財産犯が多く，18・19歳といった年長の少年による非行が主流であった。背景に戦後の混乱といった社会問題を抱えており，ヒロポンと呼ばれた覚せい剤が乱用されていた。また，警察に補導された少年のうち，両親健在の者は半数に満たず，約7割は貧困と判定されていた。概して大人の権威に反抗的な少年が多かったようだが，貧困や単親など家庭のマイナス要因が顕在化している分だけ非行臨床家にとっては心情的に共感しやすく，受容的に接するアプローチに対しても手応えがあったので

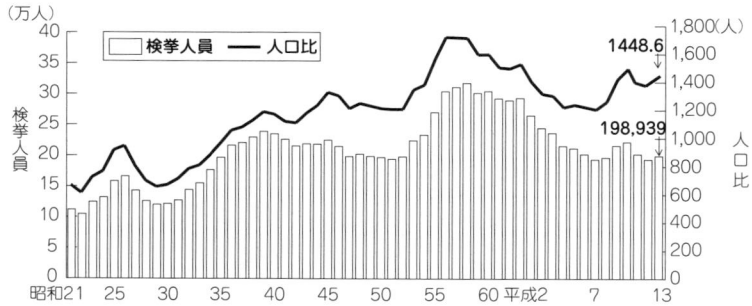

注1　警察庁の統計及び総務省統計局の人口資料による。
　2　昭和45年以降は，触法少年の道路上の交通事故に係る業務上過失致死等を除く。
　3　『平成14年版犯罪白書』196頁より転記。

図1　少年刑法犯の検挙人員及び人口比の推移（昭和21年～平成13年）

はないだろうか。

　この時期の代表的な少年事件としては，1958年に起きた19歳の定時制高校生による「小松川女子高校生殺人事件」があり，新聞社に犯行を通告したことは，1997年に神戸で起きた「小学生連続殺傷事件」の〈酒鬼薔薇少年〉と同様である。

（2）第2期（1959年から1972年）

　名神高速道路や東海道新幹線の開通に象徴されるように高度経済成長に向かっていった経済至上主義的な風潮のなかで「力」がものをいった時代であった。ちょうど団塊の世代が中学生を迎え，番長が中学生・高校生の不良グループをとりまとめ，一部は暴力団ともつながりをもち，傷害，恐喝，暴行などの粗暴犯や強姦などの性非行が増加していった。また，価値観の混乱や若者文化の逸脱も特徴的であり，「太陽族」「カミナリ族」「みゆき族」といった現在の暴走族やチーマーの原型が出現している。

　この時期の代表的な事件としては，1960年に起きた17歳の右翼少年

による「浅沼社会党委員長刺殺事件」があるが，この少年は，観護措置中の東京少年鑑別所において「七生報国，天皇陛下万歳」と書き残して縊死した。独我論的世界を作り上げ，ヒトラーを師とし，死を希って犯行を敢行した〈酒鬼薔薇少年〉との類似点も認められる。さらに，「金の卵」と呼ばれ高度経済成長を支えた中学卒業生が社会適応に失敗して事件を起こすことが目立ち，1968年に駐留米軍基地から奪った拳銃で4人を連続して射殺した永山則夫の事件は，少年への死刑適用など社会的な論争を巻き起こした。

（3）第3期（1973年から1995年）

1983年に横浜で中・高校生グループが浮浪者に連続的に集団暴行を加え3人を殺害した「浮浪者狩り事件」が起きたが，弱者に対する憂さ晴らし的攻撃が学校内でも深刻となり，〈いじめ苦〉による中学生の自殺が頻発し社会問題化した。この時期は，中学校は「校内暴力」で荒れ，卒業式に警察官が派遣される事態が頻発した。また，家庭内でも，1977年には家庭内暴力が激しいエリート中学に通う息子を父親が思いあまって殺害したり，1979年に大学教授の祖父と父親を持つ高校生が祖母を子ども扱いが過ぎると殺害，さらには，1988年に成績を叱責されて中学生が両親・祖母を殺害する事件が続いた。要するに，家庭や学校といった少年を本質的に保護してきたものへの激しい攻撃と衝動性のコントロール欠如が顕著であることが特徴的である。また，非行の中心は，14・15歳の年少少年であり，遊びの延長であるとして「遊び型非行」と呼ばれた。後に警察は，本格的な非行へ深化していく危険性があることを強調して「初発型非行」と改称したが，万引，自転車・オートバイ盗，放置自転車の横領といった犯行の手段が容易で動機が単純な非行が目立った時期でもある。こういった類の窃盗・横領事件が，交通事件を除いた少年刑法犯の8割を占める状況は現在も変わりない。

この時期の事件として，1989年に少年4名が，女子高校生を40日間にわたって少年宅に監禁していたがその家族は手が出せず，強姦・暴行を繰り返した果てに殺害しドラム缶にコンクリート詰めにした残虐性が注目された。また，1993年に学校の体育館で中学生がマットで巻かれて死亡したとされる「山形マット死事件」は，逮捕された少年たちが関与を否認し，家庭裁判所の事実認定が正しく行われているのかが議論を呼んだ事件であり，少年法改正の契機となった。

（4）第4期（1996年から現在）

　少年人口の減少にもかかわらず1996年から検挙人員が増加し，「第4の波」が来るのではと懸念されたが，そのピークは1998年である。1999年からは減少傾向に転じ，2001年には19万8,939人となっている。また，人口比（同年齢層の人口10万人当たりの検挙人員の比率）も，1996年から上昇に転じて1998年には1,497.0を記録したが，1999年からは減少し，2001年は1,448.6である[2]。

　この時期は，前述した「酒鬼薔薇少年」の事件が衝撃的であったが，15歳の少年が子どもの首を切断するというショッキングな事件内容に限定すれば，第2期に当たる1969年に横浜の私立高校の1年生（15歳）がナイフで同級生の首を切断して殺害するという同種の事件が起こり中等少年院へ送致されている。

　また，イラン人の密売組織などの登場によってシンナー並みに入手しやすくなった覚せい剤の乱用が少年に拡がり，出会い系サイトや携帯電話の普及により「援助交際」などの性非行が増加している。わが国の国際化・情報化の波を受け，手口や内容が社会状況を強く反映しているものの，その種の非行自体は古典的である。

　さらに，1998年の栃木県黒磯市で女性教師が中学生にナイフで刺殺された事件から「キレる」という用語が少年の衝動性を表わすものとし

て多用され,「普通の少年」が重大事件を"いきなり"引き起こすといった言説がマスコミで喧伝された。しかし,これは真面目でいることが馬鹿にされ,非行化することとの壁や境界がなくなった今日,単に当該少年に警察による補導・検挙歴がなかったことを意味しているにすぎないといえよう。

　こうした少年非行の動向も踏まえ,改正少年法が2001年4月から施行されている。その概要は,検察官・弁護士の審判出席等による事実認定手続の適正化,刑事罰適用年齢の16歳以上から14歳以上への引き下げなどの厳罰化,犯罪被害者への情報開示・意見聴取を行うことなど家庭裁判所における少年事件の取り扱い要領の変更が中心であることは前章で述べた。ここで重要であるのは,親の職業や学歴で子どもの意欲に大きな格差が生じているとの指摘もあるなかで[3],家庭環境が劣悪であった非行少年が受ける児童自立支援施設や少年院における矯正教育の内実は,彼らの立ち直りのカギとなる教育権を保障したものとなっているのかということである。また,保護者への訓戒・指導が法的に明文化されたが,家族援助プログラムが各臨床機関で全国的に整備されるのかなど,新たな非行臨床の課題が浮き彫りになっていることも強調しておきたい。

2　非行臨床の今日的課題

(1) 非行少年の抱える「生活能力障害」と「対人関係障害」への働きかけ

　「生活能力障害」とは,基本的な生活訓練の不足により朝起きられない,金銭管理能力の欠如により無駄使いが多い,友人を選んで計画的に遊ぶことができずに盛り場に溜まって朝方までふらつく,というような意欲を持って自律した生活を維持し,管理する能力の障害を指している。

当然ながら,「生活能力障害」は,家庭でのしつけの欠如と大きな関係がある。少年院に送致されるような非行性の進んだ少年であっても,非行時に家族と同居していた比率は年々増加しており,家庭の機能面の問題であることは間違いない。2000年4月に大きく報道された名古屋の「5千万円恐喝事件」の主犯格である少年の両親の手記を読むと,小学校高学年から一気に身体が大きくなり,中学に入った途端に不良な先輩との交遊が始まり,耳にピアスをあけて髪を染め,何を尋ねても答えないか嘘を突き通し,前代未聞の高額な恐喝事件へあっという間に転げ落ちていく子どもに対する親のなす術のなさが理解できる[4]。全国各地で子育てに関する講演は行われているが,〈子どもの急激な変貌〉に対処する保護者への具体的なサポートが求められている[5]。第5章でその詳細について紹介したい。
　「対人関係障害」とは,他者とのコミュニケーションが円滑に行えないために,友人といじめやタイマンをはるといった暴力的な関わりしか持てない,職場の同僚との折り合いも悪く,さらには,すぐにキレてしまい衝動的な攻撃性をコントロールできないといった障害を意味している。最近の非行少年の特徴として筆者が取り上げた,「自分の言動が他者を傷つけたのではないかと疑い,過去に受けた心の傷を痛み,未来に不安を持つ」といった思春期におけるアイデンティティー確立のための葛藤を経験していない〈悩みを抱えられない少年たち〉に認められる基幹的な障害でもある[6]。
　なぜ,この種の行動障害を抱えた子どもが出現するのか。泣けばすべてが母親から与えられる環境の中で膨満した子どもの万能感は,きょうだいとおもちゃの取り合いが生まれ,保育園では抱っこも順番となり,思い通りにならないことを学習して,加齢に伴い自ずから他と折り合いのつく形までしぼんでいくものである。しかし,このタイプの少年は,小学校までは勉強や運動能力が優れちやほやと甘やかされて育てられた

ものの，中学に入ると勉強では落ちこぼれ，スポーツでもけがなどで壁にぶつかり，それまで抱いていた万能感と現実とのギャップに愕然とし，自棄的な行動に走りがちとなる。そして，不登校や家庭内暴力により家族を振り回し，ときにナイフを持ち，〈キレる〉，すなわち粗暴な行動に衝動的に出ることで，周囲を意のままにコントロールして空虚な万能感を満たそうとするのである。

　思春期に大きな挫折を経験するまで幸か不幸か万能感が満たされてきたために，内省力に極めて乏しい非行少年に対しては，家庭でも，学校でも，職場でも立ちゆかない現実に直面化させ，〈悩みを抱える〉までに成長を図る働きかけが，非行臨床の重要な目標となる。このような洞察に至るには，少年自らがまず自分の行き詰まりを自覚し，その不安や怒りを心の中に抱えることができなければならない。不快さを味わう間もなくキレたり，あるいは，親や教師が悪いと他者を責めるのではなく，自分自身がしっかり傷つく経験が不可欠である。このために，警察では調書作成の過程で自ら行った非行事実と向き合い，家庭裁判所調査官の手を借りて生育史をたどり，あるいは，少年鑑別所や少年院に収容して，彼が思い通りにいかない現実を振り返ることが重要である。このように，自己の内面に目が向かう場を提供することが非行臨床の主要な機能であり，精神的な傷つきや落ち込みから回復するまでをサポートする非行臨床家の援助が不可欠となる。

　筆者は，特別なアプローチを想定しているわけではない。ただし，親は本人のわがままが通るフリースクールを探し，弁護士が本人に成り代わって被害弁償に走り，少年鑑別所では家庭教師役の大学院生が勉強を教え，少年院ではパソコン学習もできるといった昨今の状況に危惧の念を強く抱いている。「君は壁にぶち当たっているんだ。このままじゃ見通しは暗いよ」ときちんと分からせる"冷たさ"も非行臨床では必要なのである。

（２）非行少年やその家族の診断と治療に際して客体と扱うことなく，処遇者と協働して問題の解決・緩和の道を探る

　具体例で検討してみよう。最近，非行臨床機関が集まった事例検討会に出席した。提出された事例は，18歳の少年の強盗殺人事件であった。議論は，高校もきちんと卒業し，大工として真面目に働いていた少年が，給料をもらうとふいと家出してしまい，1か月以上も帰宅せず，さらには，食事をおごってもらうなど面倒を見てくれていた男性を殴り殺して財布や車を奪った動機に集約された。少年は，わずかな金品や移動手段が欲しいという動機以外口にしなかった。参加者からは，「この少年がこれまで回避してきた壁をどうしても乗り越えなければならない状況に追い込まれ，自分らしさを求めた悪あがきが極端な形になった」，「被害者も家に居場所がなく，半ば浮浪していたその姿と，アルコールに依存しだらしない父親が重なりあった」，「好きでもない人から食物をめぐまれる情けなさ・理不尽さが噴出した」などさまざまな解釈が開陳された。筆者が問題視したのは，担当調査官や鑑別技官は，いずれも自らの"読み"というかストーリーを少年と共有しておらず，このような読みとの関わりの中から少年自身の非行理解が生まれるにもかかわらず，果たして，「少年の理解」なのか「調査担当者のストーリー」なのか判然としていない報告書の記述であった。

　どちらにしても，客観的な，あるいは，正当な理解や読みというものは存在しないのであるから，今後の少年の立ち直りに寄与するであろうストーリー構築が選択されるべきであろう。「実は父親殺しであった」というような深層解釈などは，少年が傷つくことはあっても，今後，矯正施設での生活を送り，冷たい目にさらされる社会で生き抜く際に役立つとは思われない。「ちょうど台風が来ており，2人ともに食べるものがなく，空腹が極度に達してまともな考えができなかった」，「嫌な友だ

ちの誘いから逃れるように家出し，金がなくなり追いつめられていたが，法外な利息であってもサラ金から借りたり，被害者の隙をみて車を盗ればよく，少なくとも殺害することはなかった」といった理解やストーリーを提示する方が少年に受け入れやすく，「相手にきちんと嫌と言って断る」といった社会的技能をSSTの手法を活用してロールプレイングなどによって修得する方策も生まれてくるのである。

（3）非行の原因を少年の資質の問題に解消することなく，現実の人間関係や生活環境の全体を視野において働きかける

　われわれが最も対応の難しいのは，家庭環境や生育歴に負因があり，それが積み重なって初発非行が早く，児童自立支援施設などに措置されてきたような非行少年である。児童虐待と非行との関連が注目されているが，国立武蔵野学院が，全国の児童自立支援施設に入所している全児童を対象にし，施設職員へのアンケート方式による調査を実施して平成12年3月にまとめたものがある。それによると，調査対象者1,405人（男子981人，女子418人，不明6人）のうち，48.7％に何らかの被虐待経験があり，虐待の種類別では，身体的虐待を受けたことがある児童30.5％，性的な虐待を受けたことがある児童4.3％，心理的虐待を受けたことがある児童22.3％，ネグレクト経験のある児童25.5％の割合であった。虐待者の状況は，身体的虐待では実父が53.8％，ネグレクトでは実母が69.4％となっている（表1参照）。また，虐待の開始時期は，ネグレクトでは0歳が最も多く11.2％，性的虐待では10歳と13歳が多く13.1％であった（表2参照）。

　さらに，新聞等でも大きく報道されたが，「重大少年事件の実証的研究」が，家庭裁判所調査官研修所によりまとめられた[7]。1997年から1999年までに起きた殺人及び傷害致死事件の中から15事例を選び，家庭裁判所裁判官及び調査官，中学・高校の教員，少年院教官，保護観察

表1 虐待の種類別虐待者の割合

	身体的虐待		性的虐待		心理的割合		ネグレクト	
	度数	%	度数	%	度数	%	度数	%
実父	231	53.8	12	19.7	118	37.5	157	43.6
実母	141	32.9	2	3.2	168	53.3	250	69.4
継父	45	10.5	8	13.1	36	11.4	22	6.1
継母	16	3.7	0	0.0	17	5.4	16	4.4
きょうだい	46	10.7	12	19.7	28	8.9	13	3.6
祖父	9	2.1	2	3.2	4	1.3	4	1.1
祖母	13	3.0	0	0.0	11	3.5	10	2.8
他の同居人	15	3.5	8	13.1	7	2.2	10	2.8
他の大人	15	3.5	24	39.3	19	6.0	5	1.4
合計	531	123.7	68	111.3	408	129.5	487	135.2

表2 虐待の種類別虐待開始時期の割合

年齢（歳）	身体的虐待		性的虐待		心理的割合		ネグレクト	
	度数	%	度数	%	度数	%	度数	%
0	16	3.7	0	0.0	14	4.5	40	11.2
1	7	1.6	0	0.0	3	1.0	6	1.7
2	7	1.6	0	0.0	9	2.9	11	3.1
3	34	7.9	0	0.0	19	6.1	24	6.7
4	21	4.9	0	0.0	19	6.1	15	4.2
5	20	4.7	0	0.0	10	3.2	15	4.2
6	35	8.2	2	3.3	30	9.6	25	7.0
7	26	6.1	2	3.3	19	6.1	9	2.5
8	18	4.2	4	6.6	15	4.8	15	4.2
9	23	5.4	4	6.6	14	4.5	16	4.5
10	33	7.7	8	13.1	25	8.0	27	7.5
11	21	4.9	6	9.8	12	3.8	15	4.2
12	26	6.1	6	9.8	15	4.8	9	2.5
13	16	3.7	8	13.1	10	3.2	13	3.6
14	5	1.2	2	3.3	2	0.6	1	0.3
15	0	0.0	0	0.0	1	0.3	1	0.3
無回答	121	28.2	19	31.1	97	30.9	116	32.4
合計	429	100	61	100	314	100	358	100

出典（表1・2とも）：児童自立支援施設入所児童の被虐待経験に関する研究（第1次報告書）

官などの実務家と家族社会学専攻の大学教官等が総合的に分析した貴重なものである。

それによると、集団の力関係などの影響ではなく、単独で殺人などの重大事件を犯した10事例について、人格特徴、家族関係の特徴、非行のメカニズムの違い、事後的行動の違いなどから、おおむね次の三つのタイプに類型化できるという。

①幼少期から問題行動を頻発していたタイプ

幼少期から問題行動が繰り返され、事態が改善しないままいくつかの重要な要因が重なった末に殺人に至っているもの。父母から身体的、心理的虐待を受けていた事例などが含まれている。

②表面上は問題を感じさせることのなかったタイプ

特別な問題行動もなく、おとなしくて目立たず、環境に適応しているように見えていたのに、突然、重大な事件を犯すに至っているもの。自閉的生活の中で空想の世界をさまよっていたり、人格障害と診断された事例が含まれている。

③思春期に大きな挫折を体験したタイプ

勉強や運動などで活躍して親の期待にもこたえ、甘やかされて育てられていたが、思春期になり大きな挫折を経験すると、精神的に未熟なため不安定な心理状態となり、ささいな出来事がきっかけでキレてしまい、衝動的に殺人に至ったもの。

以上のようにタイプ別に特徴を挙げている。

また、共通に見られる特徴として「自分の気持ちすら分からない感覚」が取り上げられ、「他人の痛みが分からないというだけでなく、自分の

気持ちが分からないとか,自分の気持ちを言葉にして表現することができない。快・不快といった,極めて未熟な感覚しか自覚できない少年もいた」と指摘されている。

　従来から,非行少年は言語表現が苦手と言われてきたし,非行少年に限らず「感じない子ども」の出現は近年臨床家から指摘されてきた[8]。

　しかし,この家庭裁判所調査官研修所の研究に臨床心理学の専門家として加わった大河原美以は,「家庭内で虐待や体罰,兄弟間での暴力,夫婦間暴力などにより,日常的に暴力を体験している点を重視しなければならない。家庭内の暴力にさらされ慢性的な深い心的外傷を負ってきた子どもの場合は,怒りや恐怖,憎しみは大人からないことにされ,名付けられることもなく壁の向こうに追いやられてしまう」と児童虐待などによるトラウマ体験から"感情を感じない"ことに連なるメカニズムを説明している[9]。

　児童自立支援施設の調査結果も合わせて考えれば,虐待者の多くを占める父母が,自らの振舞いを虐待と受け止めることは頑として否認したであろうし,それに対して子どもが怒りや悲しみと感じること自体を許さなかったであろうことは間違いない。そのために感情を的確に感じることも表現することもなく育ち,相手の痛みを思いやる事ができずに人の生命までも奪うような重大な事件を起こす要因になったことは容易に推量することができる。感情心理学の知見として,「情動発達は,対人関係システムのなかにわれわれが存在するから起こる」という情動調節発達の基本的前提があるという[10]。すなわち,基本的な感情も社会的文脈の中で発達するので,周囲の大人が認知し,教えなければ育たないということである。われわれは,第一に,怒り・悲しみ・恨み・ねたみ・そねみといったネガティブな情動も否認することなく,彼らが体感し,言葉で表現することを助けることから始めなくてはならない。具体的には,面接場面で,イライラやむかつきを伴うこれらの感情がわき起

こる話題も避けずに取り上げ，しっかり味あわせる時間を共有し，その感情に「怒り・怨み・ねたみ」といったラベルを治療者が貼ってやる作業が必要であることを主張したい。

例えばこのような母親との同席面接の場面である。

> 治療者：今，むかついたんじゃないのか，隣のお母さんを睨み付けただろう？
> 本人：そんなことありません。
> 治療者：そうかな。僕にはそう見えたけどな。君の不愉快さというか怒りが伝わってきたよ。少し今の気持ちを言葉で説明してくれる？
> 本人：そりゃ，余計なことをしゃべるんで少し頭にきたけど。
> 治療者：お母さんにしてみれば，同じ失敗をしてもらいたくない親心でも，君には余計なお世話のように感じるんだ。君が伝えたいのは"大丈夫だから"ということなんだよね。
> 本人：先生しつこいですよ。何でもありませんよ。
> 治療者：今度は僕をそう睨むと君に向かい合うのが恐くなるよ，多分お母さんも同じ気持ちかな……そのイライラの感じ覚えておいてね。

これまで強調されてきた受容・共感といった，クライエントにとっても治療者にとっても心地よい技法と異なり，クライエントの反発やドロップアウトの危険性も高く，治療者の疲弊も大きいが，その有用性を筆者は実感している。

治療共同体的アプローチを更生プログラムに取り入れわが国でも注目されている「アミティ」が，エモーショナル・リテラシーと名付けた「感情を正確に受け止め，評価し，表現する能力」を重要視するのも同

様の考え方であろう[11]。

　予防的見地からは，虐待と非行との関連を強く主張することは意味が大きい。だが，すでに虐待経験のある非行少年に向き合う臨床家の立場からは，虐待の事実を共感的に聴取するだけでは，「自分の非行化は親の虐待のせいである」と外在化により責任転嫁したり，親への憎悪感情を煽るものだけに終わってしまうおそれがある。だからといって，「心の傷を広げ，心情的に不安定になっても困るので敢えて触れない」といった従前のアプローチでは，何ら前進しないのは明らかである。臨床家は，その理不尽な体験を十全に聴取した上で，「あなたからすると許し難いことだったけど，お父さんからすると心配でたまらず手を上げたのかな。あなたも自分の気持ちを伝えるのが上手ではないから練習してみよう」「そのころは，お母さんも追い込まれていて，あなたにそんなひどいことをしたのかな。今では謝りたいとは思っているのだろうし，二人が話し合うことには私もお手伝いするから」といった〈許し難いこと〉と〈致し方ないこと〉の折り合いを図る手法が現実的ではないだろうか。

　虐待に限らず非行臨床でトラウマを扱うときには，治療者として，「あなたが感じていること」を正確に受け止めるのは当然だが，「わたしもまたそう感じる」と伝えるのではなく，あくまで「あなたとしてはそう感じるだよね」と明確化しておくことが，非行行為という行動は認めないという姿勢を示すためにも重要であろう。

●引用・参考文献
（1）村松励「世代間の問題としての少年事件」，『精神療法』第27巻3号，308-311，2001
（2）法務省法務総合研究所『平成14年版犯罪白書』
（3）苅谷剛彦『階層化日本と教育危機』，有信堂，2001
（4）少年の両親『息子が，なぜ　名古屋五千万円恐喝事件』，文藝春秋，2001

（5）生島浩「非行臨床からみた家族問題」，清水新二編『家族問題――危機と存続――』，ミネルヴァ書房，2000
（6）生島浩『悩みを抱えられない少年たち』日本評論社，1999
（7）家庭裁判所調査官研修所監修『重大少年事件の実証的研究』，司法協会，2001
（8）袰岩奈々『感じない子ども こころを扱えない大人』，集英社新書，2001
（9）大河原美以「心的外傷と問題増幅のプロセス」，『家族療法研究』第18巻3号，206-211，2001，
（10）ブレックマン，E・A（編）濱治世・松山義則（監訳）『家族の感情心理学』，北大路書房，1998
（11）坂上香／アミティを学ぶ会（編著）『アミティ「脱暴力」への挑戦』，日本評論社，2002年

第3章

司法・矯正領域における心理臨床モデル

　司法・矯正領域が取り扱う事象である成人犯罪と少年非行では，違法行為という点では同じではあるが，法的根拠はもとより処遇機関も方法も異なるので，別個に論述することが必要になる。

　ところで，非行に関していえば，司法領域では家庭裁判所調査官，矯正領域でも少年院や児童自立支援施設のスタッフなど多くの職域で心理臨床のアプローチを生かしている[1]。図1は，少年鑑別所における鑑別の流れを示したものであるが，鑑別面接や心理検査など中核の部分を鑑別技官が担っている。しかしながら，犯罪については，わが国の刑事裁判所に家庭裁判所調査官のような判決前調査を行うスタッフは存在せず，精神鑑定は行われるが，心理テストの実施を除けば精神科医の職務である。刑の執行機関である刑務所でも，受刑者の分類業務の他は心理臨床家が関わる場はほとんどなく，筆者が以前従事していた保護観察のように少年非行・成人犯罪共に取り扱い，心理社会的援助により社会復帰を図る職務は，例外的といってよいであろう。非行少年の長期的予後も見据えて非行臨床のシステム・モデルの構築を目指す議論に着手してみたい。

第3章●司法・矯正領域における心理臨床モデル

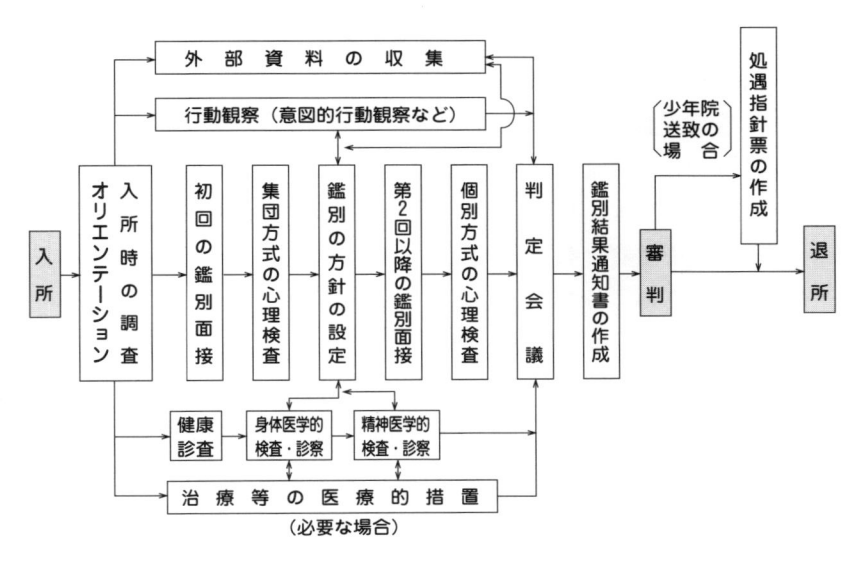

注　『平成14年版犯罪白書』202頁より転記。
図1　少年鑑別所における収容鑑別対象少年の鑑別の流れ

1　非行臨床の展開

(1) 社会支援としての非行臨床

　かつてのように個人の精神病理や精神分析学，ユング心理学といった特定の理論体系に関心を抱くというのではなく，病気や障害を持ちながら生きる人々への働きかけの方法，あるいは，不登校，非行，虐待などの社会的事象に対する具体的な問題解決の手法を修得するために臨床心理学を学ぼうとする時代になって，〈社会支援〉という概念が重要となる。さまざまなハンディキャップや問題を抱えながらも地域社会で生活する人々に関わる援助においては，病院や施設に入っている人々への診察室・面接室という閉じられた空間で使用される治療的アプローチが有

用でないことは明らかである。また，未だ病気に罹患していない，あるいは，非行や虐待に至っていないものの，さまざまな社会的・心理的なストレス要因を抱えて生活している人たちへの予防を含む支援活動が，心理臨床家の仕事に加わることになる。このような社会的ニーズに応えるために，クライエントが生活する地域の社会的資源と協働して心理援助のシステムを組織化するとともに，組織を運営する〈地域支援〉の発想が求められるのである。

　非行は，社会的事象の最たるものであり，社会支援の長い歴史を持つものであるが，非行少年の社会復帰のための心理臨床的地域援助を意味するのが非行臨床である。そこでは，非行少年個人への心理的援助に加えて子育てに悩む保護者への心理教育的助言，子どもの社会的能力を伸長させるスキル・トレーニング，犯罪予防のためのコミュニティーの心理・社会的環境整備，非行問題に関する知識・情報の提供，非行少年の社会復帰をサポートするグループの組織化などが実践される。当然のことながら，対応する機関も，これまでの警察や司法・矯正保護機関に加えて，教師，スクールカウンセラー，そして，社会福祉や精神医療機関へと拡大している。

（2）非行臨床研究の系譜

　非行の原因究明を中心とする「非行理解」が，非行少年の立ち直りの方策を立てるためには不可欠と考える従前の認識論（直線的因果論）からは，「非行研究」の重要性が強調される。家庭裁判所調査官の経験のある森武夫は，統合された非行・犯罪理解のための理論的枠組として「危機理論」を提唱しており，その概要は次のとおりである[2]。
　　①犯罪は法的に位置付けられた行為で，危機に対する反応のひとつである。
　　②危機には，遺伝的負因や知能などの「基本的危機」，親の喪失

や家庭崩壊といった「個人的危機」，そして青年期危機などの「人生各期の危機」がある。
③特に，性役割の確立や親離れといった「一人前の大人になること」という課題を抱えた青年期危機が重要であるが，基本的危機の大きい者と児童期まで順調に発達してきた者とは経過過程が異なる。
④青年期危機による非行は，不安に基づくものであり，「もう子どもではないという自覚」，「己を見つめ直す」，「親などへの認知の変化」，「漠とした自信」などが立ち直りの転機となる。

また，少年鑑別所技官であった水島恵一は，非行形成の心理機制として，フラストレーションや葛藤によって起こる「情動的不適応」と暴力団・暴走族への所属などから生じる「文化的感染」を取り上げ，前者の不適応性非行者に対しては，心理療法の効果が高いと報告している。さらに，非集団的不適応非行者に対しては，非指示的，非強制的処遇がより奏功しやすく，集団所属のある感染性非行者に対しては，指示的，強制的処遇が有効であるとしている[3]。

そこで，指示的・強制的処遇が必要不可欠な非行臨床機関において，その治療構造上の特性である権威性とクライエントの自己決定の問題が浮上してくる。心理臨床やケースワークにおいては，処遇者の中立的で受容的な治療態度が必須とされ，クライエントの自己決定に基づいて治療関係が結ばれなければ治療的動機付けにも欠け，彼らの改善は望めないと考えられてきたからである[4]。家庭裁判所調査官であった黒川昭登は，問題行動を起こしても自我親和的な非行少年に対して治療的に接近していくためには，権力機関において実施されるケースワークであるプロベーション（probation）でなければほとんど不可能であると結論づけている。そして，クライエントの自己決定権を担保させる具体的方法として，行動規制のための遵守事項を処遇者と非行少年が話し合うこ

とによってプロベーションの決定過程に参加させることを推奨している[5]。

　矯正施設の精神科医であった石川義博は,「非行少年は治療者に反抗しがちで他罰的であり,行動化を起こしやすいなど治療関係を結ぶことが困難である」と指摘した上で,非行少年の精神療法への意欲を支えるものは,治療者の非行少年観と治療観であると強調している。具体的には,治療者自身が,「非行現象は少年が大人に訴える行動であり正当なものである」と仮定し,少年の強がりや反抗的態度に苦悩に満ちた声なき訴えや甘えのかすかな呼びかけを察知した上で,「少年が憎しみや不信感から脱却し,成長・自立していくことを希望の灯として人間的な出会いを求め,たゆまぬ語りかけを続ける覚悟があること」が治療成立の鍵であるとしている[6]。

　家庭裁判所調査官で非行臨床論をわが国で最初に展開した井上公大も,家庭裁判所の試験観察補導委託先や短期処遇を行う少年院の処遇実践を分析し,「ありのままで,少年を信用し,親身になって自ら垂範する」といった処遇者の態度が重要であるとしている。また,自然の感化力を背景にして,権力的構造のなかに非権力的要素がたくみにはめ込まれた少年院教官による温泉カウンセリングを紹介し,少年との裸のふれあいが有用であると強調している[7]。

　しかしながら,いくら理論的精密化を図っても,非行理解だけでは,具体的な行動の変容につながらず,非行臨床の第一義的な目標である非行の抑止が図られることは少ないのが現実である。さらには,処遇者の人間存在をかけたクライエントとの関わりは重要ではあっても,一生のうちに何度か経験できれば良い方で,多くのケースロードを日々抱える実務家の実践理論とはなり得ないものであろう。

　同じく家庭裁判所調査官であった岡堂哲雄は,「少年非行のように複合要因によって生起する社会病理現象への取り組みには,システムズ・

アプローチがもっとも適切である」とし、その理由として「非行少年個人への心理学的アプローチと、彼の行動の場あるいは境遇としての社会的文化的状況へのアプローチとが理論的に統合される枠組みになるからである」と述べているが[8]、筆者もこの主張に立つ者である。このシステムズ・アプローチでは、非行化に関わる諸要因の連鎖を円環的な認識論に準拠して理解し、最小限度必要な治療的介入を行い、少年やその家族自身が持つパワーを活性化させてより大きな変化を誘発させることを主眼としており、以下の論述も基本的にこの考えに沿っている。

2 非行臨床の機能と特質

非行臨床を「非行少年の社会復帰過程を援助する心理臨床的諸活動」とすでに意味づけたが、その対象によって次の四つに大別できる。すなわち、非行少年に対するもの、非行少年の家族に対するもの、少年非行の被害者（遺族）に対するもの、そして、非行少年やその家族が住む地域社会に対するものである[9]。

（1）非行少年に対する援助

まず非行臨床の治療構造に関わる特質から検討したい。第一に、非行臨床の大半を担う公的機関では、それぞれの臨床機関が拠って立つ法律に基づいており、対象者の非行性やその治療構造が異なる。さらに、各臨床機関だけで援助が完結することがはじめから想定されておらず、たとえば、警察からの事件送致を受けて初めて家庭裁判所や児童相談所の治療的関わりが生じ、少年院から仮退院後は原則として20歳まで保護観察所の指導を受けることが規定されている。

このことは、臨床家として、ひとつの事例を長期間にわたって担当し予後を見定めるという経験を持てないというハンディを負うことにな

る。他の心理臨床であれば，成功事例はもとより，たとえば自殺という最悪の形で終結した事例からでも学ぶことの多さは計り知れない。しかし，非行臨床家は，他機関の関係記録は参照可能で，再非行した少年に限って断続的・集中的に関わることはあるものの，少年の非行性が変化する経過を長く見守り，かつ，自ら治療的関与を続ける経験を持つことは希であろう。加えて，ある機関は他の機関の失敗例を主に扱う，という治療システム上の問題が存在する。家庭裁判所で不処分や試験観察となっても行状が改まらない少年が保護観察となり，その後も非行が収まらない場合には少年院収容，少年院を仮退院しても再非行があれば警察に補導され，家庭裁判所に事件が係属し再び審判を受けるといったように，他の臨床機関のネガティブな情報が集まりやすいために，それまでになされてきた少年の成長を的確に評価する努力が不可欠となる。

　第二に，前述したプロベーションに限らず非行臨床家は，治療者の役割とともに，所属する機関に与えられた権力執行者の役割，つまり〈ダブル・ロール〉を担わなければならい。多くは〈治療的動機付け〉に欠ける非行少年への治療的接近には，所属する機関の持つ法的権限が必要不可欠であることから生じる当然の治療構造である。これは，非行臨床に限らず病院や学校なども含め公的な組織で働く臨床家であれば，何らかの決定権・措置権を持つことが当然であり，自らの権能を自覚し，そのパワーを治療的に活用する視点を持っていることがポイントとなる。

　ところで，治療者と権力執行者との役割葛藤に限らず，対象者とその家族，さらには，加害者である少年と被害者への援助，非行少年とそれを受け入れる地域社会など，葛藤・対立状態にあるクライントに対する援助が非行臨床の中核であり，ダブル・ロールを担うなかで両者の折り合いを図る業務に従事することは，非行臨床家の大きな特質と考えられるであろう。

　第三には，我々の援助対象の中核は，思春期の一過性と認められる逸

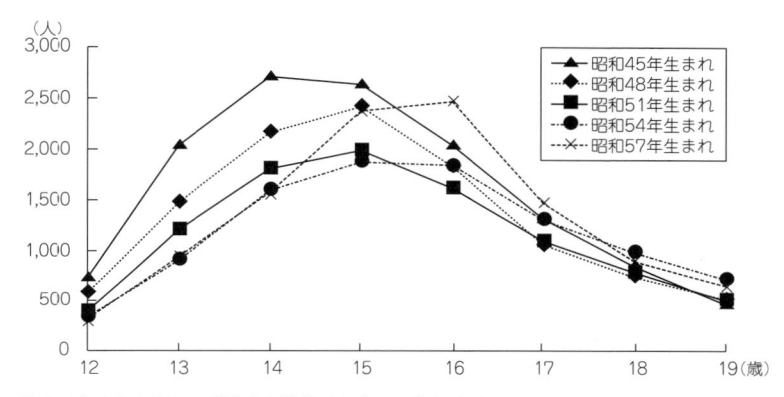

第3章●司法・矯正領域における心理臨床モデル

注1　警察庁の統計及び総務省統計局の人口資料による。
　2　各年に生まれた者が，それぞれ12歳から19歳の各年齢において非行少年となる率（同年齢人口10万人当たりの少年刑法犯検挙人員）を示している。
　3　道路上の交通事故に係る業務上過失致死等を除く。
　4　『平成14年版犯罪白書』188頁より転記。

図2　非行少年率の推移

脱行動を行う少年ではないことである。図2は，第9章で詳しく取り上げるが，少年の成長に従って「非行少年率」がどのように変化するかを示したものであり，16歳以降は次第に非行から遠ざかることを示している。このような機会的な非行で終わるタイプの少年には，危機介入的関与，あるいは，社会のルールを教える教育的助言に留めるべきであり，不要な公的機関の関わりがあれば，さらに逸脱を促してしまうといった副作用について十分自覚しなくてはいけない。

しかし，一方で，家庭裁判所で保護観察処分に付され，あるいは，少年院で矯正教育を受けても，原則として20歳まで行われる保護観察期間中に，保護観察処分少年で20％弱，少年院仮退院者で25％前後の少年たちが再処分を受けている事実がある。このような非行を繰り返す少年たちは，成人となってからも犯罪者となる確率は高く，この意味からも再非行をさせない働きかけがキーポイントとなる。

ところが，生育史や能力的な負因が背景にある非行は経験則から予後の判定がある程度可能であるが，近年，前歴もなく家庭的な問題も顕在化していない事案が増える中で，彼らの成り行きを見極めることは相当に困難となっている。保護者の経済的能力が高い場合，被害弁償を弁護士にすぐさま依頼し，フリー・スクールへの入学を決め，不良交遊を絶つために海外の中学・高校へ字義通りの遊学をさせるなどの更生プランをてきぱきと持参し「本人の可能性を信じて今後のことを考えたいと思います」と，われわれの言うべきセリフを口にする保護者も少なからず存在する。このような親は外形的な保護能力があるだけに，必要な介入もなされないまま肝心の本人は再非行に至る事例が増えることが憂慮される。

(2) 非行少年の家族に対する援助

非行化した本人による家財の持ち出し，勝手に不良な友人が家に上がり込んでたまり場となる，あるいは，家出中の子どもを補導したとの電話に親は眠れない日々が続くなど，非行少年を抱える家族の疲弊，苦衷は甚だしい。

家庭内暴力に限らず，思春期の問題行動は，親を巻き込む形での行動化が激しいことが特徴的であり，本人自らが治療機関を受診することは例外的で，まず援助を求めて来所するのは，本人への対応に苦慮し，困窮した家族である。必然的に家族へのサポートが要請されるわけであるが，たとえ家族員の問題性や家族機能の障害が認められたとしても，それらに治療の焦点を直截に当てることは，言わば"すねに傷のある家族"の傷口そのものを広げることにもつながり，疲弊した家族のニーズに沿うものではない。

非行臨床にとって重要であるのは，昨今の家族トラウマ論も含め家族病理論に裏付けられた「非行原因としての家族」ではなく，「立ち直り

の手だてとしての家族」である。実務上も，たとえば，少年院などの矯正施設からの引受人の大半は家族であり，保護観察所はその環境調整に努め，家庭裁判所や児童相談所では，施設収容か在宅かという非行少年の処遇を決定する際に家庭の監護能力が判断基準の大きなものとなる。

　当然のことながら，思春期にある子どもの変化は，加齢によるものが最も大きい。たとえば，15歳と18歳では心身の成長や社会性の成熟ばかりでなく，非行からの立ち直りに最も関わりのある就労の機会や異性交際による影響力など歴然とした違いがある。すなわち，「時の経過が最良のクスリ」なのであるが，その間本人を支えるのはたとえ問題性を抱えていようとも現実的には家族であり，彼らがくたびれ果てることがないように，持ちこたえさせる心理的・社会的援助が不可欠となる[10]。

　これは，家族療法でも強調されるエンパワーメントを目標とするものであるが，非行臨床では，このエンパワーメントの照準を父親に当て，両親が参加する面接を設定し，その肩入れを行う手法が採りやすい治療構造となっている。すなわち，治療者のパワーを背景とした指示や課題，たとえば被害弁償などを父親主導で遂行させ，家庭内で不在か周辺的位置しか有していない父親のパワーアップを図ることが有効である。

　もうひとつ，家族をエンパワーメントする際の重要な介入は，子どもの非行化に対応する家族の解決に向けての動きが，かえって問題を深刻化させ，家族危機を招来させる事態となっていることへの取り組みである。以下に，いくつかの具体例とその対処方法について摘記してみよう。

　①警察からの連絡により万引きなどの非行が判れば，特にそれが初めての非行であればなおのこと，親が子どもの行動に過度に干渉するのは当然である。しかし，反抗期にある子どもの方は強く反発するばかりで，繰り返される子どもとの争いごとに疲れ果てた親が子どもの言いなりになってしまう状況のなかで，より重大な再非行を犯し，家庭裁判所に事件が送

致される事態に至る。しばしば指摘される非行少年の親の養育態度に「放任」が目立つのは，このような経緯があることに留意したい。このような危機的な状況では，もう一度，子どもと向かい合うエネルギーを保護者である親に補給する心理的援助，すなわち「しんどいですが，クソババアと呼ばれて親としては一人前ですよ」などとサポートを続けることが必要となるのである。

② 不良交遊は非行化の兆候のひとつであるが，親としては，「どこで誰と遊んでいるのか分からないよりは，たとえ芳しくない友人であってもうちに来てもらった方が安心」との思いが募る。その結果，家庭の内外を分ける境界である〈心理的敷居〉が不明確となり，自宅が不良な友人の溜まり場となるケースも少なくない。「友人を追い返してしまうと子どもは家に寄り付かず，友人宅の方に行きっぱなしになるのではないか」という親の不安に対しては，「自宅の心理的敷居が高いと，他人の家の敷居も高く感じるので，かえって友人宅には溜まらなくなる」といった心理的助言が有用である。

③ 思春期・青年期は「自立の時期」でもあり，①のように子どもの反抗的姿勢が顕在化している状況下では，親も「自主性の尊重」を名目に子どもの身勝手な行動を容認しがちとなる。子どもにとっては，親は煩わしい存在ではあるが，反面，勝手放題が許されると「自分はもうどうなってもいいんだ」という思いが広がり寂しさも感じる，アンビバレントな感情を抱きやすい年頃といえるであろう。この時期に，自暴自棄となったり，親の注意を引くがための非行が行われることもあり，子どもが《見捨てられ感》を持つことのないよう配意することが肝要である。

すでにアルコール・薬物依存やひきこもりのケースに精神保健福祉センターなどで適用されているが[11]，同様の心理教育的なアプローチである「家族教室」がいくつかの保護観察所で試みられており，筆者の実践を第5章で詳しく紹介する。

(3) 被害者（遺族）に対するサポート

わが国では，地下鉄サリン事件や凶悪・特異な少年事件の被害者（遺族）への対応が求められたことなどを契機として，いわゆる「被害者の人権」が強く叫ばれ，被害者の意見陳述や事件記録の閲覧を認め，非公開である審判結果を通知する制度等が新設された改正少年法が施行されている。

加害者である少年に対しては，少年院に収容中にロールレタリング（役割交換書簡法）による被害者との対話や小動物の飼育による生命尊重教育など贖罪教育が試みられ，出院後の保護観察においても被害弁償や慰謝・慰霊の措置に積極的に取り組ませたり，老人ホームでの奉仕活動体験により思いやりの心を醸成するなどの試みが始められてはいる。しかし，主に代理人が行う経済的損失を補償する示談制度は機能しているが，被害者と加害者（必要に応じ双方の家族も含め）が直接コンタクトし，心理社会的調整活動も行う〈和解プログラム〉が専門家から提唱されているが少数の試行にとどまっている。

被害者に関しては，心理的援助に限っていえば，その理不尽な体験をできるだけ詳細に語ってもらう〈再体験〉により，トラウマ記憶を含めた感情・認知を解き放ち，さらには自己の歴史に織り込む〈再統合〉を図ることが，心理的援助の原則であるとされる[12]。このような働きかけは，クライエントに対する肩入れ，すなわちエンパワーメントを目指す作業に他ならない。だからといって被害者の加害者への憎悪や謝罪欲求を一方的に煽るだけでは，クライエントの社会生活上の不適応を生じ

させるおそれがある。臨床家としては，〈許すことができないこと〉と〈致し方ないこと〉との折り合いを模索するなかで，被害者の現実の社会関係をサポートせざるを得ないのではないだろうか。

　非行の事例ではないが，臨床心理士として長く治療的関与を続けた近親者からのレイプ被害者（40歳）の事例がある。当初，PTSD治療に熱心な治療者のもとで小学生時のトラウマ体験を語り尽くしたのはいいが，加害者への憎悪は膨らむばかりで，家事などの日常生活もできなくなっていった。加害者の何も知らない妻に「おまえの夫はレイプ犯だ」といきなり電話するなどの行動化が頻発し，事情を話した本人の夫とともに筆者の関わる相談室に来所した。筆者は被害体験へのこだわりを〈緩める〉ことが〈赦し・許し〉につながるのではないかという本人の危惧を受け止め，〈致し方ない〉と現実の生活を優先させる働きかけに専念した。すなわち，「事件を忘れたかのように過ごしたとしても，それが加害者を許すことにはつながらない」と説いて，まずは本人の日常生活の不具合を取り上げることに努め，ことさらに事件を語らせることはせず，自分の子どもに被害を話すことはもちろん，加害者の妻に電話したり，訴訟に持ち込もうとする行動は戒めるアプローチを続けた。

（4）非行少年やその家族が住む地域社会に対する援助

　非行臨床の最終目標が，非行少年のリハビリテーション（社会への再統合）にあるところから，たとえば，少年院などの矯正施設から出てきた非行少年とその家族が再び生活する地域へのコミュニティ心理学的アプローチが不可欠となる。その際，重要なことは地域に居住する保護司等のボランティアの役割である。非行を行う者が特別なものでないこと，周囲の暖かい配慮により立ち直るものであることは，〈訓練された専門家が特殊な方法を用いて行っている〉と思われている限りは，一般には理解されないからである。わが国では，地元の住職，元校長，町工場の

社長など民間の篤志家である保護司が，法務大臣から委嘱されて更生保護と呼ばれる非行少年のリハビリテーション活動に従事しており，その意義が認められる。非行臨床において，システム論的アプローチを活用し，このようなボランティアの組織化と育成を図ることが重要な領域を占めているのである。

社会的なハンディキャップを背負う非行少年ではあるが，それは"身から出た錆"であって，心身障害や不登校のように社会から支援を受けることも，多くの「親の会」が組織されることもない。このように地域社会から白眼視され孤立化している状況のなかで，非行少年の生育環境から生じた被害体験なども見据え，それを生み出した社会システムへ働きかけることも非行臨床の重要なテーマと言えるであろう。

3　非行臨床の基本技法

これまで述べてきた非行臨床の機能と特質を踏まえ，主な治療場面となる面接における基本技法について述べていきたい。主眼とするところは，パーソナリティーの変容といった大目標ではなく，これまでとは異なる体験を契機として，問題解決のための変化を引き出す働きかけである[13]。

（1）面接の設定

すでに述べたように，非行臨床では，対象者である少年自身に治療的動機付けが乏しいために，通常は，出頭時間や場所を指示するところから始まる。出頭が指示されたことに伴い，本人は会社に頼み込み，親は家族の日程調整をして，何時間もかけて来所することになる。本人が，本当に勤勉しているのであれば，半日程度の休みは取れるものである。その程度の休みがどうしても取れない，と本人が訴える場合は，「真面

目にやっている」という報告自体を疑った方がよい。また，来所する間の車内では，本人の夜遊びや仕事ぶりが話題となって，久しく途切れていた家族の会話も復活するであろう。これまでは存在感が乏しかった父親に家族の召集を依頼すれば，これが家族課題のひとつとなって大いに治療的である。もちろん，面接の中で，「わざわざ来てもらった苦労話」を家族それぞれに語ってもらうことが欠かせないが，これも家族の機能性を計る指標となるであろう。

　職場や家庭訪問などによる生活場面での面接は，その実態を把握するために重要だが，役所の面接室では本音が出ないからと，心理臨床では禁じ手であろうが喫茶店や公園等での面接が実際には見受けられる。非行臨床では，一緒にスポーツをしたりするなどの工夫の他に，対象者との治療関係を結ぶことが難しい分だけ，クライエントと近しくなるための特別扱いが少なくないようである。しかしながら，相手と打ち解けるのと治療的関係ができるのとは根本的に違うものである。我々の面接の目的は，親しくなることでも，本音が語られることでもなく，問題の解決に向けて真摯な話し合いを行うことであることは言うまでもない。

（2）体験の再帰を促す

　再帰（reflection）とは，相手の話をていねいになぞることにより，その体験を子細を明らかにし，それを本人及び家族に確認していく作業である[14]。すなわち，面接者が被面接者の心的現実を含めた経験に聴き入り，自らの胸に一旦含み込むように考えをめぐらし，再び相手に言葉で投げ返す技法である。シンプルだが使いでは大きい。相手の発言の要点を繰り返し，「こういうことかな」と念を押す言語的確認をていねいに行うことに尽きる。自分の発した言葉が，家族や友人に理解され，なぞられるように再び自分に戻ってくる体験は，言いっ放し・聞きっ放しの中身のない会話に馴染んでいる非行少年たちには，相手の反応を確

かめ，脈絡を読んで応答するという対人関係の基本スキルを学ぶ貴重な経験となる。そのためにも「君はそういうつもりで言っても，こういう場ではこんなふうに聞こえてしまうよ」という蛇足も付け加えておきたい。

　もうひとつ強調しておきたいのは，主訴が心理臨床の始まりであり，情報の宝庫であるように，クライエントの主訴が存在しない非行臨床では，非行事実がそれに代わるものとなる点である。パーソナリティーや生育歴，家族関係の方を重要視しがちではあるが，殺人などの突発的な事件を除けば，暴走族，おやじ狩り，援助交際といった非行の多くは，「いつかは捕まるかもしれない」と本人・家族が感知していたものであり，非行事実を面接場面で再帰し，問題行動や不良交遊へのこれまでの対処方法を尋ねることは，処遇方針を立てる上で大変重要な情報をもたらすものとなる。万引きであれば，単独か友達に誘われたのか，いつ・どのようなきっかけで友達がアプローチしてきたのか，これまで断れたことはないのか，それはどのような工夫があったのか，と尋ねていく手法である。

（3）可能性を引き出すストーリー作り

　少なくとも非行事実，多くは生育史や家族状況などに関する事前情報があるのが，非行臨床では一般的である。しかし，両親の離婚や高校中退など今更どうしようもない生育史に焦点を当て続けることは，非行理解の手助けにはなっても，問題行動の改善を目指すものからすれば時間の浪費である。

　問題行動への対処にしても，たとえば，「不良交遊」が話題となったときには，不良な友人の名前を聞き出し，交遊を禁止することで少年と格闘するよりは，「今は付き合いが少なくなっているかもしれないが，お互い付き合うことでプラスになる友人はいないのか。どういう遊び方

であれば周囲から誤解を招かないのか」をテーマに話し合うことが得策である。また，徒遊している原因を探る際にも，「16歳という年齢から求職が難しい」，「母子家庭で目が行き届かない」，「父親同様怠け者だから」といった仮説は介入の余地が少ないので採用しない。あくまで，「本人が努力して，周囲の援助によってはどうにかなる」といった形で面接を終えることができるようストーリーを構成しなくては，治療的動機付けの乏しい対象者との面接は継続できない。1時間の面接で具体的な就労先まで決めることは困難であるから，「本人がこれから1か月間採用面接を受けるために毎日1社に電話をかけ，その結果を母親が確認する」といった「このような方法でやってみよう」と意欲を引き出すような面接を構成することが求められる。

　そして，このような変化を引き起こすために，保護観察における遵守事項の誓約など指示や課題を与えることが多く行われる。その際には，行動療法やブリーフセラピーの知見が教えるように，小さな前進であっても変化が現認できるような具体的で遂行可能な事項で，物事の禁止よりは新たな行動を促すような内容が望ましい[15, 16]。具体的には，「真面目な人間になる」よりは「仕事を1か月続ける」の方が変化が見て取れるし，「夜遊びはしない」という禁止よりは「門限より遅くなるときは必ず電話をする」と言う取り決めが望ましいが，もとより誓約しただけで約束事が守られるようなら苦労はない。守られなかったときのペナルティも含めた対処について，当初からきちんと話し合っておく必要がある。

（4）悩みを抱えさせる

　カウンセリングの教科書が教えるように，相手の話を真剣に聞くこと，〈傾聴〉することは当然であるが，〈受容・共感〉が大切と勘違いして，相手の言い分を認めたり，彼らの見方ですべてを見るようにすることな

どは無用である。相手の抵抗を減じ，協力関係を結ぼうとするあまり，疑わしい点も相手に有利に解釈することは論外である。相手の「心的現実」も含め，それを聞き澄ます姿勢は肝要であるが，歪みが感じられた場合は，「あなたには……のように感じられたんだ」と小首を傾げながら介入し，あくまで被面接者の体験や感じ方であることを明確にしておく介入が必要である。

　内省力の乏しい〈悩みを抱えられない〉非行少年にとって，治療者との関わりの中で葛藤を抱える体験は重要であり，親が感情的になるのとは違う状況で，むかついたり，いらついたりする感情を味あわせることは重要な治療的介入であることを強調したい。また，非行行為に少年の攻撃性を認めることは少なくないが，治療者への攻撃性，ネガティヴな感情，そこには親との葛藤から由来する転移感情なども含まれ，それらを指摘し読み解く，少年との共同作業が治療進展の上で不可欠である。

　そのような場面を作る方法のひとつが直面化であり，相手の言行の矛盾・混乱に関して「君はそう言うが，私にはそう思えないな」と首をひねりながら怪訝な表情により，感情的になって非難することなく指摘するものである。そのほかに，非行少年にありがちな，社会常識と外れる言動に対して，「君にとってはそれで当然かもしれないが，私は納得できない」と明言することも必要である。要するに，あくまで「you feel～」ということを強調し，「I feel so, too」とは安易に言わずに，特に相手の行動に関しては「I feel～」をきちんと伝える手法である。

　成田善弘は，青年期境界例の精神療法に関して，治療者の感情を素直に認め，患者の感情のあいだにあって，その不分明に耐えつつ両者の間を往来し，その事態を解き明かすことの重要性を強調している[17]。この指摘に従えば，前記の例では，「君の話を聞いていると，私にはそれは違うという気持ちが湧いてくるのが正直なところなんだが，君はがっかりするだろうね」，「君にとっては当然かもしれないが，私は君のやっ

たことは納得できないな。しかし，私に拒絶されたと君が思うのではと心配なんだ」といった応答になろうか。こうしたポイントが，"いじわる"というか"嫌み"とも受け止められる直面化を繰り返し滑り込ませながら，なおかつ，治療からドロップアウトしない手法のヒントとなるであろう。

　最後に，ことの顛末を聞くときには，否定的な面ばかりでなく，併せて肯定的な面を意識的に聞き及ぶ努力が極めて重要である。たとえば，「うちの親は口うるさい」と訴える少女については，「親が煩わしく好きなことができない」といったネガティヴな心情だけでなく，「何も言われないよりはまし，自分のことをそれほどまでに心配してくれる親心もあるのかな」といったプラス面にも敢えて触れておくことが，少女の頑なな感情にスペースを置き，親子調整の糸口につながるものとなるのである。

●引用・参考文献
　（１）生島浩・村松励編『非行臨床の実践』，金剛出版，1998
　（２）森武夫『少年非行の研究』，一粒社，1986
　（３）水島恵一『人間性心理学大系第8巻：非行・社会病理学』，大日本図書，1987
　（４）Biestek, F.P. "The Casework Relationship", Loypla University Press, 1957（尾崎新・福田俊子・原田和幸訳『ケースワークの原則』，誠信書房，1996）
　（５）黒川昭登『非行をどのように治すか』，誠信書房，1978
　（６）石川義博『非行の臨床』，金剛出版，1991
　（７）井上公大『非行臨床』，創元社，1980
　（８）岡堂哲雄編『非行の心理臨床』，福村出版，1990
　（９）生島浩「非行臨床の実理と手法」，下坂幸三監修『実効ある心理療法のために』，金剛出版，1999
　（10）生島浩「非行臨床からみた家族問題」，清水新二編『家族問題──危機と存続──』，ミネルヴァ書房，2000
　（11）後藤雅博編『家族教室のすすめ方』，金剛出版，1998

(12) 小西聖子『犯罪被害者遺族』,東京書籍,1998
(13) 生島浩『非行少年への対応と援助』,金剛出版,1993
(14) 下坂幸三『心理療法の常識』,金剛出版,1998
(15) 千葉治彦『解決志向行動療法』,川島書店,1999
(16) O'Hanlon, B. & Beadle, S. "A Field Guide to Possibility Land : Possibility Therapy Methods", Possibilities Press, 1994(宮田敬一・白井幸子訳『可能性療法』,誠信書房,1999)
(17) 成田善弘『青年期境界例』,金剛出版,1989

第4章

非行臨床における家族問題への対応
―家庭崩壊と家庭内暴力を中心に―

1 非行臨床からみた家族問題

　非行臨床に携わる実務家として,「昔はひどい家が多かったが,最近の親にはついていけない」という思いは共通しているのではないだろうか。たとえば,ひとしきり「こんなことをやる子どもではない。友だちが悪かったんだ,いや学校の対応がおかしい」と主張するために,小学校時代からの成績表や表彰状など膨大な資料を持参し,それで足りなければ,学習塾の教師まで証人として連れてくる。しかし,子どもが主犯であるという歴然とした事実を突き付けられると,一転して「このことは早く忘れて,これからは親子で生まれ変わって,しっかりやっていきます」と前向きの反省が真剣に語られるのである。ことばだけではなく,〈おやじ狩り〉のような強盗事件であれば,金銭的な被害弁償はきちんとなされるし,怠学していた高校への復学や,不良交遊を断ち切るために親戚のもとに預けるといったなぜかこれまでは実現できなかった立ち直りへのプランを用意してくる親も少なくないのである。
　「やったことは仕方ありません,これからは家族で力を合わせて頑張

ってください」，保護観察官として非行少年の社会内処遇に20年余り携わってきた筆者が，面接の締めくくりとして長らく多用してきたせりふである。当然のことながら，このような励ましは，非行少年という重荷を背負った子どもと打ちひしがれた親のいることが前提であった。ところが，最近目立つのは，強盗致死といった重大な非行であっても，少年自身が「まさか死ぬとは思わなかった」，「運悪く事件に巻き込まれた」と当事者意識に欠け，これまで補導歴のない少年も多いことから，〈非行少年〉というネガティブな自己イメージを抱いていないことである。このような後悔はしているが，反省しているとは思えない親子にとって，警察や少年鑑別所での身柄拘束期間が過ぎ，家庭裁判所の審判さえ終われば，まさに何事もなかったかのような日常が再現されることは間違いない。

一方，教育臨床においても保護者との関わりは頭痛の種であり，中学校・高校と家庭裁判所などの非行臨床機関との連絡協議会が各地で行われているが，毎年提出される協議題のひとつが，「協力の得られない，保護能力の低い家庭への対応」である。生徒指導主任からは，「親自身が離婚や再婚を繰り返し，自分たちのことで手一杯のため，子どもを教育することができなくなっている。家庭訪問しても玄関にも出てこないし，学校への不信感が強く，親に協力を求めること自体が困難である」といった訴えが繰り返されるのが常である。

非行に限らず不登校など子どもの問題行動が話題になるときに，〈家庭〉あるいは〈家族〉に着目するという視点はごく一般的なものである。子どもにとって家庭とは，生物的にも社会的にも極めて未成熟な存在が，一人前の人間として巣立つまで育み，自立した後も，終生心理的に大きな影響を与えるシステムである。近年，社会構造が変化し，核家族化・少子化が進行するなかで，家庭は，単に「子どもが育つ」場所から，親が子どもへの愛情の証として物を買い与え，教育に力を尽くす「子ども

を育てる」機能がより重視されるシステムへと移行してきた[1]。

　この機能面に着目すると，家庭は，子どもを暖かく保護し，甘えを許し，生まれてきた幸せを基本的安定感として体得させる「母性的機能」と子どもをしつけ，厳しく鍛え，社会的規範の内面化を促進させる「父性的機能」を合わせ持つとされてきた。フェミニストが批判する単純な性別役割分業論に陥ることを避けるために，前者を「受容性」，後者を「規範性」と呼ぶ提案もあるが[2]，ともかく，この両機能の障害が，子どもの問題行動と強い関連を持つことに変わりはない。そして，家族の具体的な機能障害として，離婚等による親の欠損があり，かつては共稼ぎ・カギっ子が槍玉に挙げられ，ついで分離不安・過干渉などの母子関係の歪みが続き，父親の不在・父性の欠如が最近の流行ということになろうか。ここに，「問題行動の原因としての家族」という言説が再確認されることになる。

2　非行からの抜け道がない家庭崩壊

　非行の要因として，家族の機能障害があり，第一に親の欠損や病気等による家庭崩壊が挙げられてきた。非行少年は，警察に補導・検挙されると，ごく軽微な事件を除けば家庭裁判所へ全件送致されることになっている。その家庭裁判所段階での調査によると，実父母の揃っている少年の非行は，1966年以降は75％前後に，さらにこの10年間は70％前後で推移している（図1参照）。実は，家庭裁判所の統計では，1963年54.5％，翌1964年71.3％とこの1年に実父母の比率が急増しているが，それは現実の監護者あるいは保護責任者を示す1963年までの数字と単に両親が揃っているのかを示す1964年以降の数字へと統計の取り方が変わったからにすぎない（ただし，この貴重な数字も，1999年からは何故か公表されていない）。警察統計でみると，昭和30年代から一貫し

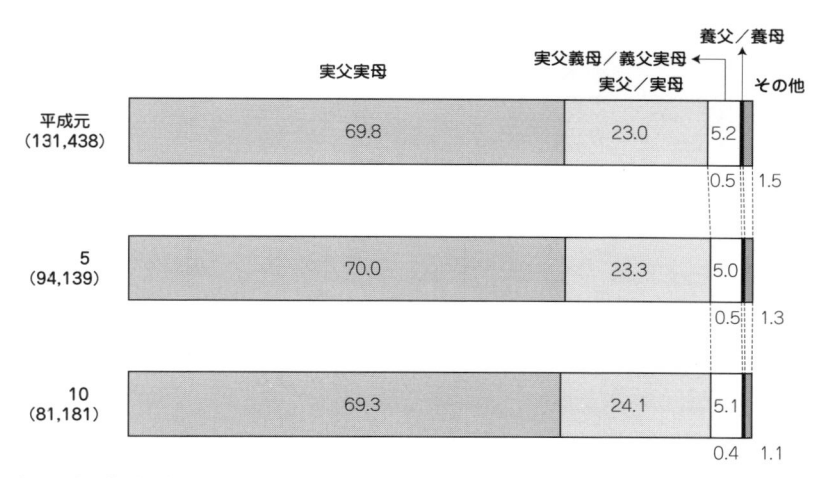

第4章●非行臨床における家族問題への対応

	実父実母	実父義母／義父実母 実父／実母	養父／養母	その他
平成元 (131,438)	69.8	23.0	5.2	0.5　1.5
5 (94,139)	70.0	23.3	5.0	0.5　1.3
10 (81,181)	69.3	24.1	5.1	0.4　1.1

注1　最高裁判所事務総局家庭局の資料による。
　2　終局主人員による。
　3　簡易送致事件は含まない。
　4　保護者なし及び不詳の者を除く。
　5　（　）内は，実数である。

図1　家庭裁判所一般保護事件の保護者別構成比（平成元年，5年，10年）

て7～8割は実父母がおり，要するに，「非行少年は欠損家庭の子が多くなっている」という事実は証明されていないことが分かる[3]。

しかし，少年院に収容された少年では，実父母の割合は約5割に減少し，その比率はこの10年間大きな変動は見られない（図2参照）。少年院に収容されるのは，家庭裁判所に送致される少年の4％にすぎず，非行性が深まっている，あるいは，凶悪・重大な非行を犯す少年の家庭環境が不良であることは明白である。ちなみに，殺人事犯少年の実父母率を見ると，約6割となっており，家族と同居している者は7割を超えている。ただし，家庭内が不和であったり，親が離婚している者は，47.0％という調査結果がある[4]。

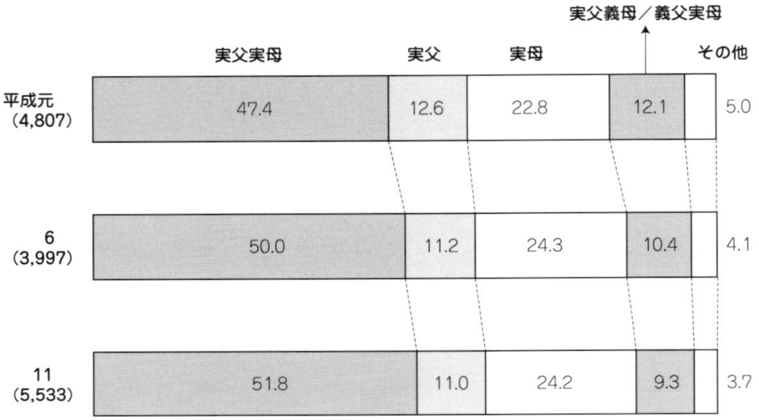

	実父実母	実父	実母	実父義母／義父実母	その他
平成元 (4,807)	47.4	12.6	22.8	12.1	5.0
6 (3,997)	50.0	11.2	24.3	10.4	4.1
11 (5,533)	51.8	11.0	24.2	9.3	3.7

注1 矯正統計年報による。
 2 不詳の者を除く。
 3 （ ）内は，実数である。
 4 『平成12年版犯罪白書』176頁より転記。

図2 少年院新収容者の保護者別構成比（平成元年，6年，11年）

　ここで，典型的な家庭崩壊による生育上のマイナス要因から3回に及ぶ少年院入院の後に結局強盗致傷により刑務所に服役した事例と本人の非行化・長期間の家庭内暴力により家族が崩壊の危機を迎えている事例を紹介する。もちろん，秘密保持のために必要な改変を加えていることは言うまでもない。

【事例1】家族崩壊が深刻で矯正教育の効果もなく犯罪者となった事例
　　A男が，2歳のときに実父が蒸発している。父は20歳台前半で結婚し，大工であったが酒乱で働かず，多額の借金があったようである。父より16歳年上の実母は2度目の結婚であるが，元来生活能力が低く，不就労で家事や育児を蔑ろにしており，家に鍵をかけて少年を置き去りにしたり，食事の用意もほとんどすることがなかった。保育園に入ったばかりのA男は，牛乳とお粥しか食

べられず，噛むことを知らなかったという。

　初発非行は小学2年時で，クラスメートのお金を盗んだものだが，下級生を裸にして駅構内を走らせたり，小便を飲ませるなどのいじめが頻繁に見られるようになった。小学3年時には，児童相談所に一時保護され，5年時には県立の児童自立支援施設に入院措置がとられた。そこでも，他の少年の性器を口に含んだり，自分のを含ませたりするなどの問題行動が多く，小児統合失調症（精神分裂病）も疑われ向精神薬が処方されていた。

　施設職員への反抗，無断外泊が続き，養護施設や国立の児童自立支援施設への措置変更も行われたが，「ここじゃ真面目になれない，外に出て人を殴れば少年院に行ける」と思い込み，通行中の小学生を殴り全治2か月の傷害を与え，15歳のときに医療少年院送致となった。専門医からは「行為障害」と診断されて，1年5か月の少年院生活を送ったが，教科教育も院内で受けた。母親は愛人との生活を優先させてA男の引き受けを頑なに拒否し，法務省関連の法人である更生保護施設に帰住した。当初は運送会社に就職するも，すぐに更生保護施設から出奔して健康ランドを転々とする生活となり，出院後わずか4か月でショルダーバックのひったくりなどにより再度の少年院送致となった。

　約1年間の少年院在院中にアーク溶接などの職業教育を受けて別の更生保護施設に帰住したが，コンビニエンス・ストアのバイトに短期間就いただけで，再びひったくりを重ねて4か月後には3度目の少年院入院となった。母親（62歳）は愛人といるが家賃は滞納し，「悪いのは本人，住み込み就職でもして欲しい」と繰り返すばかりでA男を一向に引き受けず，更生保護施設も近隣での再犯を恐れて受入を拒否した。20歳となったA男は，保護観察による指導・監督を受けることもなく少年院を満期で退院したが，行く宛てもないままにわずか数日後には強盗致傷事件を惹起し，懲役6年の実刑判決を受けて少年刑務所に服役している。

　非行性が深まるプロセスとして，幼児期からの親の拒否的あるいは無視などの養育態度，愛情・受容に欠ける母性的養育の欠如があり，子ど

もの反社会的行動が，さらに親の否定的態度を招くという悪循環に陥ることが指摘されているが，本事例は，まさにその典型といえるものである。

本事例のような深刻な家庭崩壊のケースに対しては，「家族代理」の役割を援助者が担うことが必要である。里親制度などもあるが，非行性の認められる子どもに対する公的な施設としては，厚生労働省所管の児童自立支援施設（旧教護院）と法務省所管の少年院がある。しかし，施設教育のみで社会的自立の能力が備わるはずもなく，退所後のフォローアップが不可欠であり，児童自立支援施設等を義務教育終了後に退所した児童に関しては「自立援助ホーム」が，引受人のいない少年の少年院からの帰住先としては「更生保護施設」が，それぞれ民間法人として設けられている。ところが，「自立援助ホーム」は，全国に20か所ほどで各施設の定員は10名に満たないところも多く，「更生保護施設」も，青少年・少女の専用施設は5か所のみで，その他は刑務所からの出所者などと共に生活する構造になっており，抜本的な施設改善が望まれる。

3 非行への対処が悪循環──家庭内暴力

社会の注目は以前ほどではないが，子どもの荒れ・非行化による家庭内暴力は今も深刻である。最近では，1998年4月，2年間にわたり家庭内暴力を繰り返した中学3年生の長男を金属バットで殺したとして，殺人の罪に問われた父親に対し懲役3年の判決が東京地方裁判所で言い渡された事件が大きくマスコミで取り上げられた。このように家庭内暴力の被害者であった親が，その苦しみに耐えかね，家庭崩壊を回避するためにわが子を殺害するに至った事例は，けっして少なくない[5]。

「家庭内暴力」は，わが国では昭和50年代前半から注目を集めるようになった。当時の家庭内暴力に関して，思春期青年期を専門とする精神

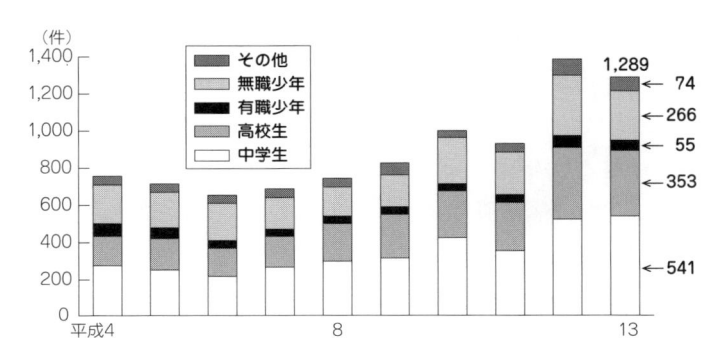

第4章●非行臨床における家族問題への対応

```
(件)
1,400                              ■その他         1,289
1,200                              ▨無職少年                ← 74
                                   ■有職少年                ← 266
1,000                              ▨高校生                 ← 55
 800                               □中学生                 ← 353
 600
 400
 200                                                      ← 541
   0
   平成4        8              13
```

注1　警察庁生活安全局の資料による。
　2　「その他」は，学生・生徒のうち小学生，浪人生，その他の学生を含む。
　3　『平成14年版犯罪白書』186頁より転記。

図3　家庭内暴力事犯少年の学職別状況

科医は，

① 素直な，言うなれば親の期待通りに，「良い子」として育ってきた青年が，ある日突然に，家庭の中で暴力をふるいだす。

② 暴力行為の対象はもっぱら母親であり，行為が拡大してくると，家具什器，さらには父親に向かう例も若干ある。きょうだいに対する暴力はほとんどない。

③ 母親に対して全身傷だらけとなるような激しい暴力を加える反面，母親に強い甘えや依存的態度を示すことが少なくない。

④ 家庭の中では悲惨な状況が生じているのに，家庭外では，当の青年は従前通りの良い子としての外面を維持している。

⑤ 暴力行為の初発は，13歳から17歳までの間に多く，青年の知的水準は高い。

といった特徴を見出している[6]。

　家庭内暴力事案の統計を警察庁が取り始めたのは昭和55年（1980年）だが，少年の学職別に，最近10年間の動向を見たのが，図3である。

少年による家庭内暴力のうち，警察が事件として認知した件数は，昭和58年に1,393件とピークに達し，その後多少の起伏を示しながらも，減少ないし横ばいを続けていたが，平成7年からは漸増傾向に転じ，12年には1,386件と前年より48.9％も急増して注目されたが，13年には1,289件となった。学職別では，どの年次も中学生の割合が多く，その増加が認められる。

　かつては，「登校拒否型」「非行型」のように家庭内暴力を分類した時期もあったが，現在では，学校・職場での不適応，家庭内での葛藤状態，そして非行などの社会的逸脱行動が併存しているものが臨床現場では大半を占めている。

　ここにやや細かく紹介するのは，子どもの問題行動に対処しようとする保護者の関わりが悪循環というかボタンの掛け違えとなり，少年の反抗がエスカレーションしてしまった，非行臨床においてしばしば見られる事例である。

【事例2】
　　　少年は，公立中学の3年生男子。少年の通う中学校で，同学年の生徒と廊下でぶつかったことから喧嘩になり胸倉をつかんで転倒させ，さらには，止めに入った教師に対しても「じじい，切れたな」と反対に殴りかかるなどの暴行を加えて傷害を負わせた。この事件で少年鑑別所に収容され資質鑑別が行われる観護措置を経て，家庭裁判所調査官の指導を受ける在宅試験観察となった。しかし，わずか4日後には，タバコの購入を拒否したコンビニ店長に，「何てめえ，ダメじゃないよ」と暴言を吐いたり，夜遊びで朝起きられないのに「起こし方が悪い」と保護者に毒づく行動が再発する。そこで，家庭裁判所は，「保護者の正当な監督に服しない性癖があり，その性格及び環境に照らし，将来脅迫，暴行等の罪を犯すおそれがある」という虞犯事件により，少年院送致（短期処遇）とした。

■**家庭状況**

　実父（47歳）は，高卒後に家具の販売会社に勤め，現在は営業係長である。

　実母（44歳）は，大卒後出版社に5年勤めて結婚し，小・中学生対象の英語塾を自宅で開設したが，少年の非行化が激しくなってからは専業主婦となっている。

　実弟は，私立中学2年生で，兄弟仲は悪くない，と少年は述べている。

■**生育史**

　少年は，父が32歳，母が29歳の子どもで，翌年，弟が生まれている。小学校入学直前に目の病気で1週間入院。公立小学校に入学したが，1年時に腹膜炎，2年時に腸閉塞で手術を受けた。特に3回目の腸閉塞では緊急手術を受け，九死に一生を得た体験から医学部進学希望を抱くようになった。成績は上位だが，自己中心的で思うようにいかないと友だちとトラブルを起こすことが低学年からみられた。また，小学5年までは夜一人で寝ることを怖がり，母が添い寝していた。ストレスがあると腹痛や頭痛を訴え，自家中毒もよく起こすため，母にとっては「心配でしょうがない子」であった。

　一方，父親が少年を叱ると庇いがちで，少年の目前で父親を責め，夫婦喧嘩になることも多かった。母親にしてみると，自分が子どもの頃に父親から押さえつけられて言いたいことも言えずに育ったため，子どもには同じ思いはさせたくない気持ちが強い，とのこと。母はまた，3歳からスイミング，6歳からは習字とエレクトーン，さらには，小学4年からは私立中学受験に備えて進学塾に通わせているが，これは少年自身がやりたいと希望してきたためで，けっして母が押しつけたわけではないと述べている。

　有名私立中学を受験したが，体調不良から失敗し，第3希望の私立中学に入学した。中学では，医学部のある大学を目指し，進学塾に通って夜10時まで勉強，帰宅は11時になった。中学2年の夏休みにイギリスへ短期留学したころから，勉強一筋の生活から遊びの楽しみを覚えたのか，地元の不良仲間との夜遊びが目立

ってきた。

　年長の不良仲間との交遊を心配して干渉する母親に反発して暴力が始まった。母親だけでは少年を抑え切れなくなり，父親も相対するようになるが暴力は止まず，月に1度ほどは110番通報するようになった。母親は，国立病院の精神科，教育相談，警察の少年相談など次々に訪れるが，少年は相談に行こうとしなかった。

　中学3年生になり，怠学に加え万引が発覚したこともあって，5月に地元の公立中学に転校した。その中学の不良仲間と交遊がすぐに始まり，パーティー券売りや原付自転車の無免許運転へとつながっていった。学校内でも勝手に教室を出てコンビニに出かけたり，喫煙するなど傍若無人な行動が目立ち，教師の指導には「悪いと分かってやっている，指導に従うつもりはない」と言い放つほどである。

■**知能・性格特徴**
　IQは120，基礎学力も身についている。少年鑑別所で実施した心理検査などでは，「自分がやりたいようにやっていたい気持ちが抑えられず，思い通りにならないと感情的になりやすい。思い通りに相手を動かそうとして，他人の気持ちや周りの状況を慮ることはできにくい」との性格特徴が指摘されている。

■**経過**
　5か月余り在院した少年院では，「その場が楽しければ後は何とかなるという甘い考えがあった」，「親に迷惑をかけているということは気付いていたが，自分の態度を急に変えたら自分としてもやりづらいなと思った」との内省が得られた。

　16歳になって少年院を仮退院し，「人を思いやる優しさを身に付け，人に危害を与えないこと」「素直に家族と話し合う心がけを忘れないこと」といった遵守事項が決められ，20歳になるまで保護観察所の指導を受けることになった。

　当初は，引っ越しセンターでアルバイトしながら通信制の高校に入学し，ボクシングのジムにも通っていた。しかし，少年院を出た直後から地元の不良交遊が再開する。少年は，「急に真面目に

なったり，親と一緒になって付き合いを止めたりしたら，少年院に入っていたのがばれる」と述べ，「母親と喧嘩して家に居づらい時に限って友だちが誘いに来る」と自分勝手な言い分を繰り返していた。

両親は，保護観察所に対し，「不良交遊を諌める母親への暴力が激しい，これ以上一緒に住むことはできない」，「金遣いが荒い，電話代は月5万円，友人を連れ込み寿司，ピザの取り放題」と少年院に再び収容して欲しいと懇願した。一方，本人は，「お前らは警察の犬だ，お前らのせいで苦しい思いをしてきた。また，少年院に行かせたいのなら150万円寄こせ」と親に暴言を吐いているが，医者になる夢は今も捨てていない。

家族関係の調整のため，本人と母親を同席させて面接を試みたが，たとえば，食事のことが話題になると，

母親「自分の部屋に食事を運んで来いと本人は私に命令する。家族の生活にはルールがあるのだから，一員として最低限のことは守ってほしい」

本人「家族の一員として俺を扱ったことがあるのか？」

母親「家族の一員として扱うとは，具体的にはどうすればいいの？」

本人「俺が自分の部屋にいる間に声もかけずに3人で食べたりするじゃないか。俺の気持ちが分かるというなら，そういう行動をとってみろ」

母親「この子がいると安らげない」

本人「そうか，分かった。子どもにとって親がどんな影響を及ぼす存在なのか思いやらせてやる」

といったやり取りが続き，少年は声を荒げて母を睨み付け収拾がつかなくなった。

このケースでは，担当者の指導に加え，家族療法を専門とする観察課長（筆者）が，不安の強い両親との継続的な面接を実施することにした。まず，両親の苦衷・不安・疲れを受け止めながら，本人の暴力が出現する状況を詳細に尋ねて，本人の激怒を誘発させない対応技術を教示した。具体的には，「友人の前では本人を叱

らない」「少年が何かをしようとするときに，別の用件を後ろから追い打ちをかけるように言わない」などである。

　さらに，家族にとって理解不能で"つまはじき者"の感がある少年の居場所を見出すために，たとえば「本人は親族のなかで誰に似ているのか」との問いに対し，「父親の兄や母方の祖父にそっくりである」といった認識を掘り起こし，「家族の一員であるこの子のためにもう一度どうにかしてやりたい」との思いを引き出すような働きかけを続け，一時的には家庭内暴力は沈静化した。

　この事例では，少年の受験勉強ぶりや医者へのこだわりが顕著だが，中学受験の失敗で，本人の何もかも思い通りになるというコントロール感，あるいは「万能感」が阻害され，それを埋め合わせるために，不良交遊にのめり込んだものと推量できる。これに対し，母親も子どもを意のままにしたいという思いが強く，家庭内暴力は，本人との支配－被支配を巡る"仁義無き戦い"がエスカレートしたものと理解できるであろう。

　このような保護者への強力なサポートが必要なケースに関しては，保護者の苦衷・不安を受け止める個別的な対応に加えて，孤立化している家族へのグループ・アプローチが有効である。その際の介入のポイントは，家族病理の究明ではなく，子どもの非行化に対応する家族の解決に向けての動きがかえって問題を深刻化させ，家族危機を招来させる事態となっていることへの適切な心理教育的助言である。この点については次章で詳述する。

4　非行臨床における家族支援

　非行臨床における家族へのかかわりは，従前，「処遇関係の支持」と「家族環境の調整」が中心であった。「処遇関係の支持」とは，本人との処遇関係を作り出し，維持するために，家族の協力を求めるためのもの

である。本人に同伴したり，家庭訪問の際，家族に接触して，「最近本人はどうですか，何かあったら相談してください」と依頼したり，家庭での姿を見て本人の更生の度合いを判断するするような情報提供や調査的な要素が強い。

「家族環境の調整」では，少年の立ち直りに資するために，家族環境をできるだけ好ましい方向に調整することを目的としている。本人に対するしつけなどの具体的な対応を家族に助言・指導したり，親子葛藤や配偶者との折り合い不良に働きかけるなどの心的調整，さらには，貧困や病気などで苦しんでいる家族を福祉事務所や保健所などへ結び付けるなどの物的・社会的支援なども含まれる。

近年，「全体としての家族」の観点から，全体的な家族力動，家族過程を捉えて，ひとつの処遇単位としての家族へのかかわりを行う「家族療法」が導入・展開されつつある。本人の非行は，本人の性格の偏りや行動障害といった個人の病理性というよりは家族機能の障害が顕在化したものであると仮定して，親機能の回復や家族コミュニケーションの改善などにより，家族そのものの機能性を回復し，表面化した本人の非行行動の改善及びその消失を図るものである。さらに，「家族支援」として，家族に非行原因や病理性を認めるのではなく，家族を心理的に支援し，家族の持てる力を引き出し，家族が自ら変化していくのを側面から援助していく手法が注目されている[7]。

非行臨床で重要であるのは，繰り返しになるが「立ち直りの支援組織としての家族」である。家族への援助によってその適応力が伸長すると，本人自身の心身も安定し，社会適応力も向上して再非行が抑止されるからである。すなわち，臨床経験からも明らかなように，《家庭で落ち着く》ことが，《本人の心情安定》につながり，《職場や学校にも定着》して，結果として再非行を回避することになるのである。

最近，「教育の現場で限界感じ悩む」と題する中堅の中学校教師の投

稿を新聞で目にした。「家族そのものが崩壊している生徒の場合，学校や教師は，いくら頑張っても家庭の役割は負えない。初めて出会う小集団である家族の中で，信頼のきずなを手にできずに傷ついた者は，学校という大集団の場でそれを埋めることができない」という極めて悲観的な内容であった。

　しかしながら，「家庭崩壊」の事案が過半数を占める少年院仮退院者の再犯率は，第9章に詳しいが，保護観察による指導も受けながら約4分の1にとどまるという事実がある。確かに，一人の熱血先生が2〜3年の限られた担任期間でどうこうできる問題ではない。加齢という時間の経過を味方にして，多くの専門機関に加えて，雇い主や恋人などの力添えによる社会的支援の総力戦の成果は，けっして小さくないというのが筆者の実感である。

●注・参考文献
（1）舩橋惠子「変貌する家族と子育て」，岩波講座『現代の教育7　ゆらぐ学校と地域』，1998
（2）舩橋惠子・堤マサエ『母性の社会学』サイエンス社，1992
（3）速水洋「〈非行の一般化〉論再考」，『犯罪社会学研究』No.14，109-128，1989
（4）法務省法務総合研究所『平成10年版犯罪白書』
（5）家庭内暴力が原因となって親が子を殺害した事案としては，本文に記した他に，高校教諭夫妻が23歳の長男を刺殺し，夫に懲役4年，妻に執行猶予判決が言い渡されたもの（東京高裁平6・2・2），会社副社長がシンナー乱用を繰り返す24歳の長男を刺殺して懲役3年の実刑が言い渡されたもの（東京地裁平7・3・7）などがあり，それぞれの判決内容については，「判例タイムズ」No.842，885，989を参照。
（6）清水将之「家庭内暴力」，岩波講座『精神の科学7』，岩波書店，1983
（7）生島浩「非行臨床からみた家族問題」，清水新二編『家族問題――危機と存続――』，ミネルヴァ書房，2000

第5章

非行臨床における心理教育的アプローチ
――保護観察所における「家族教室」の試み――

1　非行臨床における心理教育的アプローチの概要

　非行臨床の内容は，現在では拡大され，その対象や手法によって，
　　①非行少年に対する個人療法的アプローチ
　　②非行少年の家族に対する家族療法的アプローチ
　　③少年非行の被害者（遺族）に対するその家族を含めたトラウマ（心の傷）に関わる心理的援助
　　④非行少年やその家族が住む地域社会に対するコミュニティ心理学的アプローチ
の四つに大別することができることは第3章で詳述した。
　本章では，家族に対するものを中心に取り上げるが，それ以外の領域における心理教育的プログラムについても，その概要をみていきたい。

（1）非行少年に対するプログラム

　心理教育といえば，統合失調症（精神分裂病）などの精神障害に対す

るものが知られているが，その目的は，生物的精神医学の知見を生かして精神疾患に対する正確な情報・知識を与えることでスティグマや自責感を軽減すること，技能訓練や経験の分かち合いによる対処能力とコミュニケーション能力の増大にある[1]。

　ところで，非行の精神医学的原因論のうち，古典的な遺伝や知能に関するものを除けば，脳の萎縮など形態障害に着目する説や子ども虐待によるトラウマの影響を重要視する議論が最近のものであろう[2]。ここで留意しなければならないのは，特異・凶悪な非行を犯した少年の中に，確かに脳の異常所見や親からの虐待を受けた事例が混在するものの，けっして，それ故に非行を犯したと明言できる証拠的事実は見出されていないということである。この議論を短絡的に理解すると，この種の障害や体験を持つ子どもや親を不安に陥れ，深く傷つける言辞になることに配意すべきである。また，非行と学習障害やAD/HD（注意欠陥／多動性障害）との関連は認められるものの社会的逸脱行為である非行と精神医学上の診断名である行為障害との混用は戒めたいし，さらには，何％の割合で加齢とともに早幼児期脳障害→AD/HD→反抗挑戦性障害→行為障害→反社会性人格障害へと移行するのかといった情報提供はあまり意味があるとは思われない。生物学的精神医学の知見を前面に出して心理教育を行うことは，予防的観点に立てば別であろうが，その治療法とセットにして教示できない限りは，「この子は犯罪者になるしかないのか」という絶望感を抱かせるだけで臨床上デメリットが大きいと考えている。

　ここでは，すでに非行性が相当程度進んだ少年の問題性に合致した対処方法，すなわち，コーピング・スキルを教示することを目的とした実践について紹介する。最初に，少年院での出院準備教育の一環として，感情，とりわけ，怒りのコントロールの方法を学ばせることを目的とした社会適応訓練講座を取り上げる。50分授業2時限の中で，「最近，実

際に頭にきて，感情や行動に出たり，物事を否定的に考えてしまったときを書く」という課題を出し，状況（いつ・どこであったか），思考（そのとき考えたことをいくつでも），行動（何をしたか），重要度（その状況が自分にとってどのくらい重みを持つものだったか）について発表させる。参加者は，怒りの場面が明確になるよう質問し，具体的な対処方法について助言し合うものである[3]。

次も，少年院におけるものだが，不良交遊をテーマとしたロールプレイによる教育プログラムの一例である。10名前後の少年が参加し，ある少年が提案した「友だちの家に4人で集まった際，バイクを盗みに行く話になった。A君は一度はうんと言ってしまったが，やはり止めておいた方が良いと思った。しかし，約束だからと周りに問い詰められてしまった」というストーリーを4人の少年がロールプレイし，より良い断り方について自分の体験をもとに話し合った後に，再びロールプレイにより確実な対処法を習得するものである。

また，交通違反や無免許運転を繰り返す少年に対しては，家庭裁判所や保護観察所などにおいて，交通法規に関する講義，交通事故を扱ったビデオなどの視聴覚教材，集団討議などを用いた方法で指導を行うプログラムが，「交通短期保護観察」等として制度化されている。

（2）非行少年の家族に対するプログラム

非行臨床にとって重要であるのは，「非行原因としての家族」ではなく，「立ち直りの手だてとしての家族」であることはすでに強調した。

まず，少年院に子どもが収容されている保護者に対する心理教育的プログラムを紹介する。特別な事例を除けば，少年院の在院期間は1年以内であり，17歳で入院すれば18歳には仮退院し，その際には帰住場所と引受人が指定され，20歳になるまで保護観察による指導を受けることが法定化されている。多くは自宅に帰住し，保護者が引受人となるが，

適当な保護者がいない場合は雇用主や更生保護施設と呼ばれる法人が引き受けることとなる。少年本人が少年院に在院している間にも，本人の立ち直りがスムーズに行くように帰住予定地の環境調整を行うのが保護観察所の重要な業務であり，その一環として引受人へのグループ・アプローチが実施されている。たとえば，覚せい剤の乱用により少年院送致となった子どもの引受人に対しては，

　①覚せい剤について誤解や偏見がない正しい知識を持つこと
　②子どもの仮退院を控え，抱えている不安や問題点について話し合い，相互に援助できる場を提供し，その精神的負担を緩和すること
　③仮退院後の保護観察の仕組みを理解し，その実効を高めるよう担当者との関係作りを行うこと

などを目的として，講義や構成的グループ・エンカウンター形式のミーティングを2回実施する試みがある。

　もうひとつ，家族をエンパワーメントする際の重要な介入は，子どもの非行化に対応する家族の解決に向けての動きが，かえって問題を深刻化させ，家族危機を招来させる事態となっていることへの取り組みである。近年，「『非行』と向き合う親たちの会」といった当事者グループが各地で生まれ，孤立した非行少年の親に対するサポートが実践され始めたことは喜ばしい[4]。それに加え，改正少年法において保護者に対し責任を自覚させるための訓戒・指導が明記されたことも契機となって，自助グループとは異なる心理教育的アプローチの展開が，非行臨床でも強く求められている。

（3）犯罪被害者（遺族）に対するプログラム

　被害者（遺族）に対するものは，1992年に東京医科歯科大学難治疾患研究所に「犯罪被害者相談室」が開設されて以来，警察が主導して，

民間の支援活動が「犯罪被害者支援センター」等の名称で各地で行われている[5]。また、1997年に「少年犯罪被害当事者の会」が発足し[6]、被害者支援に熱心に取り組む弁護士も現われている。この種の活動においても、警察の捜査から始まり裁判に至るまでの刑事・司法制度の概要やPTSDの病態など心的トラウマの理解とケアに関わる心理教育的アプローチが実践されている[7]。

ここで留意すべきは、たとえ加害少年が刑事裁判を受けるなど重い処分が下されたとしても、被害者（遺族）の「こころの傷を正当に評価してもらいたい」という切なる思いが実現することは不可能に近いという事実である。刑事司法関係者は、被害者への情報開示、被害者の訴えに耳を傾けること、被害者－加害者の謝罪を含めたコンタクトなどは重要と考えてはいるが、被害者（遺族）の処罰要求がダイレクトに審判結果に反映することにはおおよそ反対なのである。

もうひとつ、トラウマに関する関心が深まり、犯罪被害によるPTSDにかかわって刑事罰や損害賠償の請求が増加している。そのため、精神鑑定が必要になってくるが、そこでは、被害後仕事ができないなどの社会的機能障害や抑うつなどの精神症状と被害前の被害者のライフイベント等から見て取れる適応障害との関連が厳しく吟味されることになる。すなわち、「学校、家庭、職場でうまくいかなかったことを被害によるトラウマのせいにしていないか」と疑われるわけで、これ自体が第2次被害となり、「トラウマを正当に認めてもらえない」との被害者の思いは増幅し、悪循環となるおそれが大きいのである。

（3）非行少年やその家族が住む地域社会に対するプログラム

非行臨床の最終目標が、非行少年のリハビリテーション（社会への再統合）にあるところから、非行少年とその家族が再び生活する地域へのコミュニティ心理学的アプローチが不可欠であり、その際、重要なこと

は地域に居住する保護司等のボランティアの役割であることも既述した。保護司は，民間の篤志家の中から法務大臣により委嘱され，更生保護と呼ばれる犯罪者・非行少年のリハビリテーション活動に従事しているが，その経験や知見を活用した学校教育と連携した心理教育プログラムが展開されようとしている。具体的には，文部科学省の「学校による抱え込みから開かれた連携へ」という方針に呼応して，保護司による「非行防止教室」「薬物乱用教室」の開催，「総合的な学習の時間」への参加などが積極的に行われている[8]。

また，犯罪・非行問題に関する正確な情報を発し，予防的プログラムを展開することも臨床家の責務であるが，犯罪予防活動としては，法務省が主唱して保護観察所，保護司などが中核となって1949年から行われている「社会を明るくする運動」が代表的なものである。毎年7月の「強調月間」を中心に，学校関係者も含めた地域住民に対して非行・犯罪からの立ち直りに関する知見・情報を伝える住民集会などが全国各地で開かれている。さらに，保護観察官が中学校に出向いて「犯罪や非行に巻き込まれないように」といったテーマで約2時間の特別授業を行う試みが始められており，「世の中のルールについて多くのことを学び，これからは自分の行動に責任を持たなくてはいけないと思った」などの感想が聴講した生徒から多数寄せられている[9]。

2　保護観察所における「家族教室」の試み

筆者が勤務していた保護観察所において毎月1回開催している保護者への心理教育的アプローチのひとつに「家族教室」がある。保護観察開始時に家族に任意に参加を呼びかけ，2時間のセッションを構成的グループ・エンカウンター形式で行っている[10]。その手法は，基本的には多くのグループワークと重なるものであるが，非行臨床における実践例

として詳細を紹介したい。

（1）目的

「不良な友人から執ように電話がかかってくるが，子どもに取り次ぐべきか，黙っていた方がいいのか」，「シンナーの臭いをさせて子どもが深夜帰宅するが，どうしたらいいのか」といった"保護者の苦悩"は深刻である。そこで，心身障害児や不登校児の「親の会」のような自助組織がないに等しく，周囲から白眼視されている非行少年の家族を対象にして，次のような目的でグループ・ミーティングを実施している。

　①家族に共感し，家族の努力を肯定してサポートを与える。
　②参加メンバー間に相互援助システムを作り上げ，個々の家族の問題解決に有用なサポートと情報を与え合う。
　③家族間のコミュニケーションを改善するために有効な対処方法を修得させる。
　④家族の問題解決技能を高める働きかけを通して，家族機能の改善を図り，本人の再非行の抑制に寄与する。

（2）方法

上記の目的からは，月2回程度，参加者も固定化することが望ましいが，保護観察官として多くの業務を抱える中で，毎月1回午後に2時間のセッションを行い，参加回数の制限は設けていないのが現況である。対象は，前述のように我々がクライエントとしている家庭裁判所で保護観察に付された，あるいは，少年院を仮退院して保護観察に付されている少年の家族で任意に参加希望があった者である。母親一人の参加が多いが，夫婦で参加する家族や夫婦が交代で参加する家族もおり，毎回7名前後の家族が参加している。

セッションに参加する保護観察官の数は，職員研修の意味合いもあっ

て5名前後にしている。男女ほぼ同数で，20代から50代の幅広い年齢層となるよう心がけ，それぞれの家庭での役割や体験がセッションに反映されるよう配慮している。

1）セッション前の準備

　セッションは20名程度が収容できる保護観察所内の会議室で実施され，あらかじめ折り畳み椅子を円形に並べておく。座席の指定はない。他に記録用のビデオカメラ，ホワイトボードを設置しておく。名札も用意しておき，名字とその下に子どもの年齢と性別をスタッフも含め記載してもらっている。感想や要望を尋ねるアンケート用紙も用意しておき，セッション終了後に提出を依頼している。

　セッション前日に1時間程度の打ち合わせを行っている。そこでは当日のリーダーやコリーダー，ビデオカメラによる記録者などの役割分担を決めるほか，参加予定者の人数などを確認している。参加家族についての情報は，家族がうつ状態にあるなど対応する際に特段の注意が必要なこと以外，子どもの非行内容なども含め共有していない。これまでの経験から，予断を持たないで参加した方が「いま，ここ」での話し合いがより可能になるからである。

2）セッションの実際

　a．家族教室の説明（5分）

　リーダーは開始に当たり，

　　①ここで知り得た他の参加者のプライバシーに関することを口外しないこと
　　②「家族教室」に参加したことで保護観察を受けている子どもの保護観察の成績は左右されないこと
　　③記録用にビデオ撮影を行っているが，その他の目的で使うこ

とはなく，外部には一切出さないこと

などを説明し了解を得ている。

b．ウォーミングアップ（10分）

ウォーミングアップは，参加者の緊張を和らげるためのものであるが，ゲーム性の強いエクササイズよりは，保護観察所が実施する「家族教室」というイメージを裏切らないものが，かえって参加者には安心感を与えるようである。具体的には，

 ①名前程度の自己紹介の後，ラジオ体操にある運動を各自一つ選んで全員で行い，順番に続けていく方法

 ②名前程度の自己紹介の後，最近あった嬉しいことを順番に紹介していく方法

 ③二人ペアになって自己紹介し，その内容を他者紹介の形で全体の参加者に発表する方法

 ④参加者に白紙の手紙が入った封筒を渡し，たとえば20歳になった子どもから手紙が送られてきたと想像してしてその内容を順番に発表していく方法

などを使っている。この段階では，子どもや両親間の問題にいきなり焦点が絞られ，急激な感情の表出とならないよう配意している。

c．困っていることの聴取（40分）

「今，困っていることは何か」，「それがどうなったらいいか」，「そのために今何ができるか」を明確にしていく過程である。聴取したものはホワイトボードにまとめるなどして，その日の検討課題を決めていく。大切なことは，ただ困っていることの事実関係を確認することだけではなく，親の苦労を参加者全員でねぎらうことである。リーダーが，参加者の話を繰り返したり，要約したり，言い換えたりする作業の間に，参加者が，話を聞いてもらえたと実感できること，他の参加家族の話を聞いて「悩んでいたのは自分だけではなかったんだ」と共感できることが

何よりのねぎらいになり，勇気づけられるものとなることが多い。

　d．休憩（10分）

　参加者から一通り困っていることを聞いた時点で休憩を入れ，スタッフは別室に移る。ここで，後半のロールプレイで取り上げる話題を選定し，どのように進めるか大まかにスタッフ間の合意を形成しておく。また，それまでのセッションで足りなかった部分があれば後半のセッションで補充している。この休憩時間は参加家族にとっても保護観察所の職員がいない，より自由な空間で情報交換ができる絶好の機会になっている。ここでの関わりが，自助グループ形成のきっかけになった例もあり貴重な時間である。

　e．ロールプレイを活用した心理教育的助言（50分）

　家族の抱える問題を明確化し，焦点の合った心理教育的助言を行うために，問題場面をいつものやり方でロールプレイにより実演してもらう手法を活用している。さらに，実演された場面の中で良い部分を参加者の賞賛により行動の強化を行い（正のフィードバック），もっとうまくやるために参加者でいろいろなやり方を考えたり，モデルとなる家族の対応をリーダーから教示し（モデリング），コーチを受けながらロールプレイでその対応を練習するSSTの手法も場面により援用している[11]。経験がない家族をロールプレイに誘うには，特別の配慮が必要であり，スタッフが最初に親子双方のロールを取ってモデルを示したり，親が演じやすい子どものロールを取ってもらうことも多い。

　スタッフとしては，具体的な行動レベルの話に焦点を当てようとするが，どうしてもわき起こる感情を押えられない参加家族が多いのは当然で，たとえば「帰宅が遅いので心配している」，「高校はどうしても行かせたい」，「家のものを盗んでも警察に捕まらないから構わないという子どもの考え方を直したい」等という気持ちが溢れるように表明され，具体的な行動の設定が困難な場合がある。このような状況では，どうにか

してSSTに移行しなければという考えを改め，参加家族の話をじっくり聞くことにしている。すると不思議と具体的な行動に繋げられる話が出てくることがあり，すかさずロールプレイに移行することも多い。また，ロールプレイを断念し，たとえば夜遊びや不登校についての有用な対処法などをリーダーからミニ・レクチャーすることもあり，具体的な助言を求めて参加している家族がほとんどなので，かえって好評なことが少なくない。

3）ロールプレイの実際

参加者から提示された問題場面は多種多様である。いずれについても，参加者家族のロールプレイ→他の参加家族によるロールプレイ→保護観察官が親役となり別の対処行動の教示，といったSSTの要領に倣って進行しており，場面①では，その概要全体を示すことにする。ただし，紙数の関係で，場面②以降はより効果的な対応と思われるロールプレイとリーダーである筆者による心理教育的助言の紹介にとどめた。

①子どもの部屋でビールを偶然見つけてしまった場面

パターン1（参加家族が最初に示した困っている状況の再演）

母：（洗濯物を畳んで子どもの部屋に持っていこうと部屋のドアをあけたところ飲みかけのビールを見つけた）これどうしたの？

子：うん。何のこと？

母：これビールだよね。

子：あーん。知らない。

母：どうしてだか教えて。ビールがここにあるのおかしいよね。

子：うーん。ビールみたいだね。（ごまかされてしまい，話は曖昧なまま終わる）

パターン1では，子どもとの言い争いをおそれ，子どものその場限りの言い逃れに屈して話し合いを止めてしまっている。参加者からは，子どもの部屋にビールを見つけ呆然と立ちすくむ親の表情自体が子どもに大きな影響を与えているのではないかという指摘がなされた。

　パターン2（他の参加家族が親役になって，自分が考えた対応を演じた）
　　母：（洗濯物を畳んで子どもの部屋に持っていこうと部屋のドアをあけたところ飲みかけのビールを見つけた）何これ。ビールじゃないの。
　　子：うん？
　　母：ビール飲みたかったの？　喉乾いてたの？
　　子：うん。うーんうんうんうん。
　　母：飲みたいんだったらこそこそ飲まないで，夜お父さんも飲むんだからちょっと飲ませてもらえばいいじゃない。
　　子：うん。うーんうん。

　パターン2は，度重なる子どもの問題行動に苦労してきた家族にとっては苦肉の策であろうと思われる。飲酒を肯定してしまうのかという批判もあろうが，何とか子どもとコミュニケーションを図りたいという気持ちが伝わってくる。母一人で抱え込むことなく，父親に助けを求めている点も大いに賞賛したいところである。

　パターン3（保護観察官が親役となり，対処行動の一例を示した）
　　父：（洗濯物を畳んで子どもの部屋に持っていこうと部屋のドアをあけたところ飲みかけのビールを見つけた）それビールだろ。

子：うん。そうみたいだな。
父：お前いくつだと思っているんだ。17歳でビールを飲めないのはわかってんだろう。
子：あるだけで飲んでねぇよ。
父：飲もうと思っているから開けてるんだろうよ。
子：あーっとね。一昨日かな，みんなが来たときに誰かが飲んでいたな。
父：そういう白々しいことを言うんじゃないよ。飲もうとしていたんだろ。今度は少年鑑別所に入ったけれども，お前がこれから真面目にやるって言ってくれてお父さんは信じていたのに，1か月もしないうちにビールかよ。お父さんは本当に悲しいよ。
子：大丈夫だよ。飲んでねえよ。

　パターン3においては，飲酒自体を問題にせず，保護観察中であるにもかかわらず安易に飲酒してしまう子どもの姿勢に着目し，そのような小さなほころびが今後の生活にどのような影響を与えるかに焦点を合わせて話を進めると，過去の飲酒を注意されるよりは話に乗りやすいと助言した。そして，子どもを非難するよりも，親として信じていたのにそれが簡単に裏切られたという悲しい気持ち，急速に崩れていく子どもの状態を見ているのが心配でならないという心情を直截に伝えることが大切であることを強調した。

　②子どもが門限を徐々に破って，やがて帰宅が深夜に及んでしまうようになった場面

父：（午前0時過ぎに帰ってきた子どもに）お前，今何時だと思ってるんだ。
子：あーそろそろ1時に近いかな。

父：1時だよな。確かお前自分から約束してくれたのが何時だった？
子：あーもう随分前のことで忘れちゃった。
父：ここに書いた紙があるんだよ。ちゃんとお父さん取ってあるんだけど。お前は9時には帰って来るって約束してたぞ。これはたった3か月前の話だよ。
子：それでもあれから私随分変わったでしょ。こうやって毎日毎日仕事に行ってて，お父さんにあれ以上迷惑かけていないでしょう。
父：3か月前にお前から9時に帰るよって言ってもらえて……
子：状況が変わったの。
父：お父さん本当に嬉しかったわけだよ。それまではいつ帰るか分からなかったのに9時に帰るよって言われて。だんだん9時が9時30分になって，10時になって，それでもお前が仕事やってたから何も言わなかったけど。お父さんが何よりも嬉しかったのはお前が自分から9時に帰るよって約束してくれたことなのに，今気がついたら1時だろ。すごく悲しいよ。
子：そうだね，そうなっちゃったね。

　この事例では，親が何を心配しているのかをできる限りわかりやすく子どもに伝えていることの重要性を確認した。さらに，子どもとの言い争いになることのおそれや，親子の間だと当然これくらいのことは口にしなくても伝わっているだろうという思いこみから話し合いをしないことがあるが，子どもにはこんなことまでも言葉にして伝えなければならないという時期があるのではないかと助言した。聞こえていないようでも親の注意の何割かは必ず心に残るもので，逆に親が何も言わなくなったときのことは良く覚えている。子どもとしては注意されなくて助かっ

たと思う反面，見捨てられてしまったという気持ちを持つので，親が子どもに言い続けることが大切ではないかと教示した。

③仕事に行かない子どもに話をする場面

父：あれ，もう9時だけど今日はアルバイトどうしたの？

子：今日休みだって。

父：そんなことないだろう。今日は土日じゃないんだし。昨日は行ったんだよなぁ。何か今日は特別な事情か，何かがあるの？

子：かったるい。

父：こんな天気だから気持ちは分からなくはないけれど，3日続けて行ってたんだよなぁ。3日続いたのは久しぶりじゃない。お母さんに聞いたけれど朝も早くから頑張っていたようだし，口うるさい先輩がいても頑張っていたみたいじゃない。

子：まあね。面白いからね。

父：お父さんの仕事の経験だと，お前が急に1日休むとお前の分を他の人がやらなくちゃならないんだよ。「明日休むよ」と言われていれば段取りもつくだろうけど急に休まれたら周りの人に迷惑がかかっちゃうんじゃないの。お前にもいろいろあるだろうけどちゃんと連絡しないと。

子：面倒くさいんだよ。お父さんしといてよ。

父：お父さんが電話するのは簡単だけど，大人として自分で電話しなければいけないだろう。休むのは仕方ないとしても，必ず電話はしておけよ。

　この事例では，子どもには大人の部分と子どもの部分が共存しており，子どもの部分（かったるいから仕事を休む）に焦点を当てて叱れば対立が激しくなるが，大人の部分（仕事が続けられたこと，もう大人なんだ

から電話を自分でしなさい）に働きかけ，その部分を増大させていく方法により効果的な話し合いができることを教唆した。

④高校に進学する意欲が乏しい子どもに話しかける場面
　　母：今度高校の文化祭があるんだけど行ってみない。
　　子：友達と約束しているからいいよ。
　　母：友達とはいつでも遊べるじゃない。行こうよ。
　　子：面倒くさいなぁ。
　　母：行ってみないと自分に合うかどうか分からないよ。お母さんが行くわけじゃないんだからね。
　　子：高校もどうしようかと思ってるんだ。勉強も嫌いだし。
　　母：親が行きなって言ってるんだから行きなよ。あとで行きたいと思ってもそのときには行けないよ。勉強なんかしなくたっていいじゃん，友達作りに行きなよ。

　この事例では，「子どもの自立心を育てるために，親は押しつけをしないようにする」という広く流布している考え方に対し再考を促した。自立心が育ちつつある子どもには効果があることも，自立心が不全な子どもには「あなたのしたいようにしなさい」と親が逆説的に強制しているようなもので，かえって子どもを途方に暮れさせることにつながる。親がなにがしかのことを押しつけて，子どもから十分に反発されて初めて子どもに自立心が生まれる場合もあると親の対応をサポートした。

　SSTのポイントとなる良いところを指摘し伸ばしていく方法は，家族を勇気づけつつ対応を変化させるきっかけを与えるものとなるが，現実的には他の参加者の良い面に焦点を当てようという雰囲気を作ることは難しく，リーダーの力量が試されるところである。他人のあらを探す方がたやすいからか，欠点にばかり目を奪われてしまう参加家族をうま

くたしなめつつ，身をもって他の参加者の良い面に焦点を合わせ，それをグループに広げていくリーダーの動きが最も重要となる。

また，通常のSSTでは「宿題カード」などを作成し，宿題を設定して次回にその実践結果を報告してもらうことになっているが，われわれの「家族教室」では，そのような課題を出す方法はとっていない。任意に参加している家族に，権力的機能を持つ保護観察官が宿題を出すと言うことが矛盾してしまうし，個々の参加家族全てに見合った宿題を決めることが難しいという状況もある。本当に納得した助言等は自然と試してくれるものであり，口頭で実践を依頼する方法を採用することが多い。

3 非行臨床における「家族教室」の課題

もっぱら聞き役であったり，精緻な理論に基づいた解釈を行っていればよいアプローチとは異なり，困窮している家族から「どうすればいいのですか？」と尋ねられれば，「あなたはどうしたいのですか？」，あるいは，「私の考え方が気になるのですか？」などと応答するばかりではなく，一歩踏み込んで具体的な対応を教示するのが，心理教育的アプローチのセールスポイントであろう。

そのために，親業，アドラー心理学，ソリューション・フォーカスト・アプローチなどが教える方法は極めて有用である[12, 13, 14]。しかし，母親に「お母さんはこう思うの……」と"私メッセージ"を推奨しても，現実には子どもから「おまえのことは聞いてねえよ」と怒鳴られてしまう。また，朝起きられずに仕事をさぼろうとする子どもを持つ父親に，「本人の責任ですから，親は尻拭いしないように」と助言しても，怠業のため失職することを承知で何も手出ししないことは，過重な心理的負担を親に与えることにつながる。さらに，家庭内暴力が激しいケースで，「無理に暴力を抑え込むのではなく，その意味を考えることが大切です」

と教示すれば,「暴力に意味があるのだから,何としても耐えなければいけない」と自縛的に受け取める親もおり,子どもの言いなりとなったものの,忍従に耐え切れずに子どもの命を奪う結果ともなりかねない。問題状況の内容ばかりではなく,全体の脈絡を読みとり,クライエントや家族の置かれた状況やその性格を見極めた上で,そのニーズに沿った心理教育的助言を行うことが肝要であることは言うまでもない。

われわれの「家族教室」では,構成的グループ・エンカウンター形式の中で,有力な心理教育の手法であるSSTを活用しようと努力してきた。しかし,教示するソーシャル・スキルといっても,統合失調症（精神分裂病）者に対する「目をきちんと見て話す」「あいさつを声に出して言う」などといったシンプルなものでは,非行臨床においては有効ではない。キレる少年への衝動的な攻撃性のコントロール法や不良な先輩の誘いを断る手法など,非行臨床で求められる社会的スキルの開発と体系化が喫緊の課題である[15]。

（本稿の記述は,法務省浦和保護観察所において「家族教室」の共同実施者であった鶴田俊男保護観察官からの教示に大きく拠っている。筆者の後にリーダーとなって厳しい職場環境の中で実践を続けている同観察官に深く感謝したい。）

● 引用・参考文献
  （1）後藤雅博『家族教室のすすめ方』,金剛出版,1998
  （2）福島章『子どもの脳が危ない』,PHP新書,2000
  （3）海士由美子「初等長期処遇対象少年に対する社会適応訓練講座について」,『日本矯正教育学会第36回大会発表論集』,11-12,2000
  （4）「非行」と向き合う親たちの会編『ARASHI その時』,新科学出版社,1999
  （5）小西聖子『犯罪被害者遺族』,東京書籍,1998
  （6）少年犯罪被害者当事者の会『話を,聞いてください』,サンマーク出版,2002
  （7）厚生労働省外傷ストレス関連障害の病態と治療ガイドラインに関する研究班『心的トラウマの理解とケア』,じほう,2001
  （8）生島浩・十河民世「非行問題における学校臨床と地域との連携」,

『福島大学教育実践研究紀要』, 第43号, 21-28, 2002
(9) 生島浩「保護観察と学校教育の連携」, 日本刑事政策研究会『罪と罰』第37巻4号, 28-35, 2000
(10) 國分康孝『構成的グループ・エンカウンター』, 誠信書房, 1992
(11) 東大生活技能訓練研究会『わかりやすい生活技能訓練』, 金剛出版, 1995
(12) ゴードン, T, 近藤千恵（訳）『親業』, サイマル出版会, 1977
(13) クリステンセン, O・C（編著）, 江口真理子他（訳）『アドラー家族カウンセリング』, 春秋社, 2000
(14) バーグ, I・K, 磯貝希久子（監訳）『家族支援ハンドブック』, 金剛出版, 1997
(15) 菊池章夫・堀毛一也『社会的スキルの心理学』, 川島書店, 1994

第6章

学校心理臨床における非行問題
——保護者へのサポートを中心に——

1 学校心理臨床と非行問題

　学校心理臨床とは耳慣れない言葉だが，筆者が現在教えているのが，教育学部の〈学校臨床心理専攻〉の大学院生なのである。この専攻は，不登校，学級崩壊，発達障害や学習困難などの特別なニーズを持つ児童生徒に対応する効果的な教育活動を支援するために，学校・家庭・地域の連携を通した実践的方策について研究・開発を行っている。
　具体的には，不登校や発達障害の子どもを抱える現職教員の専門性向上であり，あるいは，臨床心理士やスクールカウンセラーの養成に当っている。
　教育現場で心理臨床の知見を生かして生徒や保護者のサポートを行うスクールカウンセラーの活躍など学校心理臨床の重要性は増してはいるが，従来の学校内での生徒・児童へのカウンセリングや保護者相談，教師への心理教育的助言に加え，地域の子育てを支援する関係者へのコンサルテーションなどのソーシャル・サポートに関わる活動が期待されている。特に社会的な逸脱行動である非行問題に対しては，従来の心理臨

床的視点に加えて，地域支援としてのソーシャル・サポートが不可欠であろう[1]。

文部科学省は，問題行動を起こす個々の児童生徒の状況に応じ，学校，教育委員会，関係機関等が連携して対応する「サポート・チーム」等地域支援システムづくりを推進する事業を2002年度から開始している[2]。わが国では，非行にかかわるソーシャル・サポートの担い手として地域の民間篤志家である保護司が知られており，このサポート・チームの構成機関としても大きな役割が期待されている。実践例としては，第5章でも紹介した保護司が講師となって「総合的な学習の時間」へ参加する，教職員の「社会貢献活動研修」を更生保護施設で受け入れる，「心の教室相談員」や「学校評議員」等に保護司が委嘱されることなどが報告されている[3]。

保護司にとどまらず，保健福祉事務所で相談に当っている家庭相談員，民生委員，児童委員などの地域ボランティアが公的機関のフロント機能を担っており，これらとのコラボレーション（協働）が，児童相談所や医療機関などとの機関連携に加えて学校心理臨床の重要な役割であることを強調したい。

2　スクールカウンセラーとしての保護者へのサポート

筆者は，2001年度から福島大学大学院に「学校臨床心理専攻」が新設されたことに伴い赴任してきたが，それと同時に，福島市内の中学校のスクールカウンセラーを委嘱された。前職が，非行少年や犯罪者に対する国の社会内処遇を実施する保護観察官という仕事であり，中・高校を中心に学校，特に生徒指導の教師との連携はあったものの，肝心の「学校臨床」に精通していたわけではない。スクールカウンセリング経験が，教育現場における生徒とその保護者にかかわる心理・社会的援助

の実践事始めということになり戸惑いも大きかった。

　当初，校内の相談室は空き教室が当てられていたが，夏休み期間中に保護者との面接や生徒とグループ・カウンセリングを実施できるように相談室を整備してもらうことから着手した。また，電話が教頭の前にしかないために，相談室からも保護者と連絡が取れるように携帯電話を要望した。驚いたことに，これまでは，保護者と面談する場所として半分荷物置き場となっている放送控え室や入るだけで緊張する校長室が主に使われてきたということで，整備された相談室を教師にも活用してもらいたいと考えた。そういえば，保護者を学校に呼ぶことを正式には"召喚"というらしいが，これでは面接場面でも，「子どもの学校での悪さぶりを伝え，もっとしっかり監督しろ」と親を糾弾する言動になりがちで，「親が原因ではないが立ち直りには不可欠な手だてであり，その力を十分発揮できるようにサポートしていく」といった姿勢は生まれてこないであろう。

　不登校に陥った経緯は，"いじめ"というよりは本人なりの同級生との「対人関係」のもつれであることは容易に理解できた。それは，大人から見れば"取るに足らない"ものであるが，彼らからすれば修復不能であるとの思いを強く感じた。彼らの現在の悩みは，相談室登校している姿を同級生に見られたくないことであり，廊下のガラスにはことごとく紙を貼り，休み時間には息を潜め，トイレに行くにも自分のクラスがあるフロアーを通らずに別の階まで行って大回りする行動には悲しみさえ覚えた。この相談室は，彼らの貴重な"居場所"になる必要があった。しかし，マンガを読んでもゲームをやってもいい，自由気ままな特区にするつもりはなかった。まずは，スポーツ大会，校外実習，そして修学旅行などの行事に参加し，出やすい授業から教室で受けるなどのプロセスへつながるように，相談室が徐々に居心地が悪くなる経験も積ませる必要があると考えた。ところで，教室に行くことに筆者がこだわる理由

は，「自分とは合わない教師・生徒ともどうにか折り合いをつけてやり過ごす」スキルが社会で生きていくために不可欠であると信じるからである。

　生徒自身に，「同級生とうまくやれない，教室で浮いてしまう」との思いが強いが，確かに，彼らのコミュニケーションの取り方は，独善的で不器用さが目立った。グループ活動の一環としてより良い自己表現を教示するアサーションやソーシャル・スキルのトレーニングを試みたが不評で，個別的な働きかけが，まずは必要であることを痛感した。第3章で詳述した「再帰」の手法であるが，カウンセリング的対応の中で，生徒の心情面を含めた経験に聴き入り，カウンセラーの胸に一旦含み込むように考えをめぐらし，再び生徒に投げ返すやり取りを続けた。自分の発した言葉が，相手にどのように理解され感じられたかを知ることができる体験は新鮮であり，一方的に自分の思いしか伝えられなかったり，相手の感情を深読みして身動きがとれなくなっている子どもにとって，相手の反応を確かめ，脈絡を読んで応答するという対人関係の基本スキルを学ぶ貴重な経験になるであろう。また，生徒としては答えづらい「今，何をしようとしているのか。これからどうするのか」とカウンセラーが繰り返し問い返すことによって，現状の直面化を図ると同時に，「相談室にいるのも楽ではない，居心地の悪い」という体感を抱いてもらうよう心がけた。

　さらに，自習している彼らに対して，大学院生をサポーター役として学習の手伝いをしてもらったが，そこには，深刻な「学力問題」が存在した。英語くらいならと家庭教師役をしてみたが，「私たちがどのくらい頭が悪いのか分かっていない」との訴えに返す言葉がなかった。長年，学ぶことから逃げてきたために，とても自習できる力はないのである。取り急ぎ，教室に入れない生徒が学習する場所として学習室を別に整備してもらい，全ての教師が当番表を作って学習面をみてもらう方策を立

ててみたが，自分の生徒が在室していてもほとんど学習室に立ち寄らない教師がいたことも事実であった。

　不登校に陥る要因は，前述のようにいじめも含めた「対人関係」であるかもしれないが，そこから立ち直っていくのには「学力問題」が大きいのではないかというのが，筆者の率直な感想である。中学時代のつまづきのリベンジを高校生活で果たそうと考える生徒も少なくないが，不登校のために内申書が不良な彼らには，受験の成績しか身を助けるものはないのである。

　そのときに，親の職業や学歴で子どもの意欲に大きな格差が生じているとの指摘[4]や失業者の4人に3人は中卒もしくは高卒であり，中高年の雇用を維持する代償として若年の就業機会が減り，フリーターなどの不安定な雇用が余儀なくされているとの分析[5]は，心理臨床家にとって重く受け止めるべき現実である。

　ところで，不登校も，従前の自宅に閉じこもりファミコン中心の生活となっているものや家庭からも離脱している非行タイプの他に，登校はしないが明るく生活しているもの，そして，遅れて登校はするが保健室や相談室にたまって好きなことだけやって早めに帰ってしまう「隠れ不登校」と呼ばれるものまで多様である。不登校が続いても少子化で定員割れの公立高校，加えて単位制や通信制高校，寮もある私立高校が拾ってくれるし，高校に行かなくともフリースクールや大検（大学入試資格検定）など社会的なバイパスが整備されたことで，不登校という選択が安易になされる傾向は否定しがたい。

　この「隠れ不登校」は，学校の扱いは「遅刻・早退」であり，教室に入れない以外は，人目には元気で明るく，思い悩むようにはとても見えない。父母共に教室へ入ることを強要しないので，親子関係も不良ではなく，母親とは特に仲良くしている。友だちは多くはないが，家に来れば遊ぶし一緒に外出もする。学力は教室に入っていないので遅れ気味だ

が，相談室では教科書を眺めているし，ときおり相談室を訪ねてくる担任や一部の級友へも拒否的ではない。概して素直ないい子だが，融通がきかず，〈人疲れ〉が激しいのが特徴的である。

　しかし，学校に行けない状態から一歩抜け出した本人はもとより，登校しているには違いないので，保護者や教師も前の状態よりは問題にすることがなくなり，悪く言うと放置されている事態に陥っていた。かつての〈登校刺激はしない〉という方針を盲信している教師はさすがに少なくなったが，〈子どもの自己決定による主体的な登校〉は，現在も不登校解決法の主流となっている考え方である。

　ところが，自己決定できる力，主体性・自主性は，親や教師がモデルとなって，現実生活の中で育んでいくものであろう。特に，家の重要なものごとを決め執り行う儀式を父親が主導的に行うことは大きな意味がある[6]。そこで，スクールカウンセラーから，「現況をどう見ているのか，今何ができるのか」と担任や保護者に問いかけて，対処指針を主体的に決める作業をサポートするよう心がけている。具体的には，相談室登校を認めるにしても，父親に呼びかけて，本人・保護者・担任・スクールカウンセラーが一堂に会して登校の条件や期間などを仰々しく決めるという場を設定することにした。

3　非行問題の事例

　この1年半あまりの間で非行問題にかかわって，保護者，特に父親が重要な役割を演じた事例を秘密保持に配意しながら紹介しよう。

【事例1】
　　中学に入学してまもなくクラスの友だちとトラブルを起こしたことから不登校となった1年生の男子。2学期になると，近くに住

む不登校であった2年生男子と仲良くなり，相談室登校するようになった。二人寄り添うように登校から下校まで一緒に行動するが，年下の本人の方が兄のように振舞い，場面緘黙に近い2年生男子の代弁者の役割さえ務めているように見える。

　本人には校外学習やスポーツ大会などからクラス行事に加わるよう強く働きかけ，母親や担任の前で決意表明を行って実現したが，なかなか授業には入れず，父親の登場が待たれていた。

　ところが，意外な形で父親が前面に出てきた。中2となった本人が，スーパーでの万引で補導され，10件の余罪も警察で認めた。筆者の提案により，本人らが軽く受け止めないように"大袈裟な対応"を企画し，学校側からは生徒指導主任・学年主任・担任など4人の教師と筆者，保護者は母親だけの参加となったが，相談室において本人に内省を静かに迫った。その場は母子共に涙を流して反省の弁を述べていたが，夕方に父親から抗議の電話が学校側に寄せられた。「今日の集まりに教師以外のカウンセラーという人間が入っていたようだが何者だ，学校から頼んで来てもらっているのか。その人間と息子はうまくいっていないようだが，それが原因で不登校になったらどうする」と一方的にまくし立てたようである。

　教頭から報告を受けた筆者は，「子どもや母親が理不尽な扱いを受けたのではないか，という心配から家族を守ろうとした父親としての当然な行動だと受け止めました。お父さん自身が，スクールカウンセラーはどのような人物で何をしているのか，是非確認にいらしてください」とのメッセージを担任から伝えてもらった。

　この父親は，本人や母親と学校での出来事についてきちんとした話をしたことがなかったのであろう。まずは息子の非を謝罪し，親としての反省を述べる社会性も持ち合わせていないようだ。しかし，「ここが父親の出番」と学校に抗議してきた思いをとらえて，カウンセラーや学校に対するネガティヴな感情を十分聞き置いた上で，父親と協働できる場を作っていきたいと考えた。父親との面接は容易ではなかったが，本

人は筆者からの「万引きの原因を本人なりに考えていく」という課題を受け止めて再非行もなく，相談室から体育の授業などに参加し始めている。

次に，非行問題としては，この学校にとって最もおおごととなった「金銭強要事件」を紹介したい。

【事例2】
　　２年生男子が，同級生数人に「俺と遊んだら５千円あげる」と持ちかけたことから，そんなにお金があるのならと，コインゲームでの賭けに誘われた。ところが，負けが込んだ本人が友人から借金し，「倍にして返す」とさらに借金が膨らみ，友人からの借金取り立てが激しくなって表面化した事件である。当初，本人の父親から「子どもが恐喝されている」との訴えが担任教師にあり，学校側が調査すると関わった生徒は10数人に及び金額も８万円を超えるものとなった。学校からすれば，この生徒の言動が問題であったが，父親は「あくまで子どもは被害者であり，事件の原因と今後の対策が記された報告書を作成しろ」と強く主張し，学校側とのやり取りを録音してマスコミに提供するとまで言い出したのであった。
　　この生徒は不登校ではなかったが，教育委員会からの助言を受けて，学校側は非行問題ということで筆者に父親との仲介・調整を要望した。学校側は，連日連夜，関係する生徒からの事情聴取と保護者への説明，そして校長・教頭など幹部との面談をことさらに求めるこの父親との応対に疲労困憊していた。筆者は，夜遅く研究室に訪ねてきた教頭・生徒指導主任と詳細に事例分析は行なったが，直接父親に会うなど介入することはしなかった。この種のかたくなで強迫的な父親は権威好きで"特別扱い"を求めがちだが，それに応じることは逆効果であると判断したからである。学校側には，「この父親には通常の誠実な対応が奏功しないのは致

し方ない。しかし，金を貸した子どもと親への学校側の措置に関する説明は必要で，賭けゲームが流行っていたことへの対処の遅れについてはきちんと謝罪すべきである」と助言した。

その後，学校側は，「この父親との関係が変わることはおそらくないが，やるべきことはやった，静観したい」と一息つくことができ，父親も，教育委員会やマスコミに訴えるような行動に出ることはなかった。スクールカウンセラーとしては，学校のエンパワーメントを基本方針として，この「父親としての頑張り」がこれ以上空回りしないよう，沸騰する前の水を差すような介入に努めた事例である。

この二つの事例でもそうだが，学校であれ，非行臨床の現場であれ，たとえは適切ではないが，「腐っても親」であり，問題行動の原因究明ではなく，立ち直りの手だてとなる家族へのサポートが望まれている。繰り返しになるが，本人を支えることができるのは，たとえ問題性を抱えていようとも現実的には家族であり，彼らを持ちこたえさせるサポーターの存在が不可欠である。病因を除去・治癒する"特効薬"ではなくとも，"栄養ドリンク"のような家族援助であってもいいのではないか。家族療法の専門機関ならいざしらず，家族関係の改善や家族システムの変化などは，学校心理臨床では望むべくもない。いっときではあっても，「もう一度，この子のために頑張ってみよう」，「これまでとは違う方法を試したらどうにかなるかもしれない」といった思いを保護者から引き出すことの意義は大きいのである。

4　学校教育相談の留意点

非行など生徒の問題行動に関して教師が行う心理臨床的知見を生かした活動といえば「学校教育相談」ということになる。その際の留意点に

ついて，非行臨床・家族臨床の視点から列記してみたい。

（1）上からの強力な指導や情熱といった〈力〉では向き合えない

大人への反抗心が最も強い中学生・高校生については言わずもがなだが，これまで何度も学校に呼びつけられその至らなさを指摘され続けてきた保護者にとっても，教師の熱意溢れた指導は，人のプライバシー・内面に土足で入ってくるような侵襲的なものに受け取られるか，「言ってることはそのとおりだが，だからどうすればいいのか」と強い反発を招くだけであろう。「大事なときなので親御さんのお力添えを賜わりたい」とワンダウン・ポジションから物言う姿勢が肝要である。そのことが，思いもよらなかった保護者の持てる力を引き出す契機ともなりうるのである。

（2）担任や親の悪口など"秘密"を聞いた後の取り扱いを事前に話しておく

保健室登校の生徒などから不平・不満が訴えられることの多い養護教諭は，「ここでは何でも話してもいいのよ」と軽々しく言うべきではない。相談担当者にしか話せない悩みをいくら聞いても，それはラポールがついたと喜ぶ事態ではなく，肝心の教師や親との折り合いを改善するための調整に動けないのであれば，相談担当者としては「どうしていいか分からない」事態を招くだけであることを肝に銘じておきたい。「必要があれば他の先生や親にも話すことがあるけど，その時には事前にあなたに話すからね」とあらかじめ伝えておけば，生徒の方で自主規制してくれるであろう。

（3）教師の"強迫性"が災いすることもある

対応の難しい保護者はいろいろであるが，第一に，親として当たり前

のことができない親であろう。これには，働きかけの成果という点では疑問が多いが，「親として〇〇のことをしてください」と常識的な観点からアプローチができるために現実場面ではそれほど困ることはない。

　問題は，「〇〇すべき」と正論・建前を繰り返す頑なな親で，聞いてる方が辟易してくるか，「そんな立派なことを言うなら親としてやることをちゃんとやれ」と嫌みのひとつも言いたくなるであろう。実は教師も強迫性が強く，「〇〇すべき（must）」と正論を述べるのが仕事なので，この種の親とは，どちらがワンアップ・ポジションに立って子どもをコントロールできるかエスカレートするような関係に陥りやすい。親も，そして教師自身も「現実にはどうなって欲しいのか・どうしたいのか（want）」という観点から話し合うよう心がければ，双方の強迫性がぶつかって無用な混乱を招くこともないであろう。

（4）一致して連携することのマイナス面に思い至る

　教育相談などに行った親から，「ご両親の対応が一致していないことがよくないですね」と助言されることが多いと聞く。しかし，通常は子どもとの接触時間が長い母親は，細々と過干渉気味になることは当然で，反対に父親は，よく言えば大所高所から，悪く言えば的のはずれた楽観論か極端な悲観論になりがちである。ところで，母親が家庭内暴力の対象になることが多いのは，母子関係に問題があるよりは単に母親との関わりが濃いためであり，母やきょうだいが逃げ去り父親が家に居残れば，父親が子どもの暴力にさらされることは現実の事件が証明している。

　学校でも，問題生徒には教師間の一致・連携した対応が推奨されるようだが，子どもにとって周囲がまったく同じ対応になられては抜け道がなく息苦しくてたまらない。昔から〈慈母と厳父〉というか，赦し・サポートする役割と頑固な〈憎まれ役〉がいて，うまく落ち着くところに落ち着く，適当な落としどころが見つかるという智恵は捨てたものでは

ない。

（5）切り捨てず，抱え込まず，見捨てずに，恒常的でステディな関係を保つ

　生徒ととことん話し合い，深夜まで家庭訪問をする熱心な生徒指導の教師などにありがちだが，「小さな親切，余計なお世話だよ」，「うちの子はほっといてもらえますか，かえって先生が来ると刺激されますから」などと言われてしまいその努力が報いられないと，「あの子はもうダメだ，あの親じゃ悪くなるのも仕方ない」と手のひらを返すような冷たい言動に急転することがある。

　前著の『非行少年への対応と援助』でも述べたが，加齢に伴う成長に勝るクスリはないのである。要するに〈時間稼ぎ〉が臨床の基本であり，そのためには，切り捨てず，抱え込まず，見捨てずに，相手のために多少は右往左往しながらも肝心なところはぶれないスタンスが援助のポイントとなることを強調したい。

●参考文献

（1）鵜養啓子「学校におけるソーシャルサポート」，『現代のエスプリ363　ソーシャル・サポート』，65-75，1997
（2）鈴木敏之「学校教育の現状と地域社会——サポートチームづくりを中心に——」，『更生保護』6月号，12-16，2002
（3）全国保護司連盟・法務省保護局編『「学校と保護司との連携強化活動」実施結果報告書』，2001
（4）苅谷剛彦『階層化日本と教育危機』，有信堂，2001
（5）玄田有史『仕事のなかの曖昧な不安』，中央公論新社，2001
（6）石川瞭子『不登校と父親の役割』，青弓社，2000

第7章

非行少年の被害体験と贖罪
——非行臨床におけるトラウマへの対応——

1 家庭関係からの傷つきをどう受け止めるのか

　家庭や家族の問題性に着目するという視点は臨床家であれば至極当然であり，非行など子どもの問題行動に関わる初回面接では，生育歴あるいは現在の家族状況を尋ねることは欠かせない。家庭機能の障害が，子どもの問題行動と強い関連を持つことは"常識"であって，その具体的な機能障害としては，親の欠損，家庭崩壊，母子関係の歪み，父親の不在，父性の欠如などが指摘されてきたことは，第4章で詳述したとおりである。

　この論調の最近の展開のひとつに，家族関係の中で受けた子どものトラウマに直接言及した「アダルト・チルドレン（AC = Adult Children）論」がある。元々，父親が酒乱といった「アルコール依存症家族」の中で育った大人たちを指していたものが，「機能不全家族」に育った広義のアダルト・チルドレン（ACoD = Adult Children of Dysfunctional Family）に拡大されて使われるようになってきている。つまり，子どもが「機能不全家族」の中で育つことによる「家族トラウマ」と，彼ら

が大人となってからの自殺企図・摂食障害・違法行為である薬物乱用等の不適応行動とを強く関連づける考えである[1]。

　この機能不全家族とは，性的児童虐待や薬物依存が認められる特殊な家族にとどまらず，両親が不仲であったり，抑圧的，あるいは秘密の多い家族なども含むとされたために，家族トラウマの被害者であるアダルト・チルドレンもその意味するところが果てしなく拡大されている。嗜癖問題に取り組んできた信田さよ子は，ACを〈現在の自分の生きづらさが親との関係に起因すると認めた人〉と定義づけ，「そのような人が，これまで〈自分のせい〉でとか〈自分が悪いのだ〉と思い苦しんでいたのが，親との関係のせいだと自己認知すれば，自分が変わり生きやすくなる」という治療仮説を主張する[2]。こうなると，症状の有無などにより，第三者が客観的に判断する概念ではなく，自ら宣言するアピールに近いものと考えた方が適当であろう。このようなアダルト・チルドレン論が広く流布したこともあって，「家族トラウマに傷ついた被害者としての子ども」という言説が力を得ることになった。

　しかし，素朴な疑問として，「家族関係に傷つかない」ということはあり得るのだろうか。今日，「家族の病理」を強調する論調が目に付くが，両親間の葛藤や秘密のない家もなければ，健全な父性が十分にあった時代などわが国には存在しない[3]。最も親密な他者との共同生活である家族において，いや，親密な関係を求めるからこそ，行き違いや軋轢が生じるのは必然であり，しばしば家族関係に傷つくこともまた当然である。

　ここで，臨床的に印象深いのは，家族からトラウマを受けたと声高に訴え家族を告発して止まない人々がいる一方で，第三者からみれば家族関係に傷ついていると思えるにもかかわらず，それをこころの傷として抱え込まない人々がいる事実である。本章では，いずれも家族機能の障害との関連が強いといわれながら，家族関係からの傷つきに対する受け

止め方が大きく異なる女子非行と摂食障害の事例を取り上げる。その両者が融合した事例があることも念頭に置いた上で非行少年の被害体験に関わる心理的援助の在り方や贖罪の方法について述べることとする。

なお，当然のことながら，事例の掲載に当たっては関係者の了解を求め，秘密性の保持のために必要な修正を加えてある。

2　こころの傷を抱えられない女子非行の事例

児童期の虐待経験が，後の非行や犯罪の可能性を高める，という調査結果は少なくない。法務総合研究所の2000年の調査によると，非行性が進み少年院に収容されている少年の半数以上が家族からの被害体験を持ち，重度の身体的暴力は約5割，性的被害も約3％（女子では約15％）に及んでいる[4]。両者を関連づけるメカニズムは必ずしも明らかではないが，虐待経験のある子どもの低い自尊感情と無力感は，多くの専門家が指摘する心理的特性である。

低い自尊感情は，自分を保護してくれる存在であるはずの親から虐待を受け，生命の危険性さえ感じる体験により，「自分は生きるに値しない人間なのではないか」と考え，低い自己評価しかできなくなることから生じる。こうした低い自尊感情や自己評価は，自己破壊的な衝動を高め，自殺やリストカットなどの自傷行為を引き起こすといわれる。また，「自分はもうキズものだ」という自暴自棄感から性的な逸脱行動に走ったり，現実逃避，あるいは，自己評価をかりそめに高めるために薬物を乱用したりする。さらには，「自分はろくな人間ではない」という低い自己評価は，対人関係にも深い障害を与え，孤独感から逃れるために〈キズを背負った者〉同士である不良仲間との交遊に耽る事例も少なくない[5]。

また，無力感も，他人からの虐待であれば，親に助けを求めて逃れる

こともできるであろうが，精神的にはもちろん，社会経済的にも完全に依存している親からの虐待の場合には深刻である。特に性的虐待を受けていることは，誰にも明らかにできない秘密であり，親子という逃れられない関係から生じたもので，子どもはそれに抗することができない〈なす術のなさ〉に苛まれることになる。それに加え，親を失なわないために忌まわしい行為を受け入れた自己への嫌悪感もまた，自己破壊的・自暴自棄的な行動として顕在化する[6]。

複雑であるのは，その一方で，ファンタジーとも呼べる万能感を引き起こすこともある。ひとつには，自分が自己犠牲により秘密を固く守ることで，家庭の崩壊を防いでいるのだという万能感もあろう。重要なのは，そのつらい現実ゆえに，白馬に乗る天使が迎えに来るような恋愛，ファミリー・ドラマのような家庭，そして，才能にそぐわない将来の夢を抱かざるを得ない側面である。

次に，性的虐待を含む親からの虐待が認められた女子非行の事例を紹介する。これまでに述べた心理的特性が具体的に示されている。

【事例1】
■非行の概要
本人：中学3年生の女子。「家出中に暴力団関係者と交遊し，お見合いパブやホストクラブ等に出入りするなど乱れた生活を繰り返しており，このまま放置すると生活費・遊興費欲しさからシンナー吸入のほかに，売春，さらには窃盗などの罪を犯すおそれがある」との少年法に規定された虞犯事由により少年院へ送致された。

■家族状況（年齢は少年院送致時）
父親（37歳）：整備士　母親の連れ子である本人を養子としたが，実母と離婚後も父親として本人の面倒を見てきた。

異父妹（小学1年生）：養父である父親と母親との子ども。

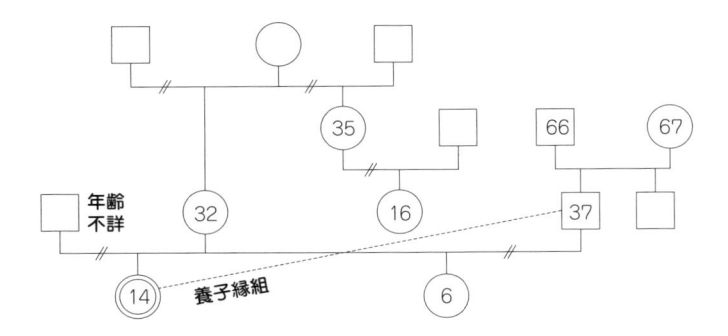

図1 ジェノグラム（家系図）

　養祖父・祖母（66歳・67歳）：本人の行状不良から養子縁組の解消を求めている。

　母親（32歳）は，ギャンブルにのめり込んで200万円の借金を作り，本人が小学5年時に男性のもとへ出奔，以後所在不明となっている。母も中学時代からシンナー乱用や家出などの問題行動があり，ホステスをしていた17歳のときに，バーテンとの間に本人が生まれている。図1のジェノグラム（家系図）に明らかであるが，母方の負因が目立ち，母は2回の離婚，母方祖母も2回の離婚，さらに，母の異父姉（本人の伯母）もまた離婚経験があることが分かる。

■**知能・性格傾向**

　少年鑑別所における各種の心理テストや行動観察の結果が，審判を行う家庭裁判所へ次のように報告されている。

　（1）知能指数は90で「中の下」，精神障害は認められない。

　（2）「人からの評価に敏感であり，自分を良く見せようとして無理しがちである。普段は，明るく軽佻に振舞うことで〈受け〉をよくしておこうとしているが，実際に自分から物事に取り組んでいくような自信はないので，とりあえず身近な者の言動に無思慮に同調することで快く受け入れてもらおうとしやすい」「自分としては，できるだけ周囲の目を気にし，好かれるように努力しているにもかかわらず，表面的で当たり障りのない間柄までしか関

係を深めていくことができないことが多い」「些細なことで自分だけが仲間外れにされている，という思い込みを強め，自己イメージを下げてしまう。それゆえ，自分を甘えさせてくれる年長の異性に親和感を持ちやすく，相手との関係をなんとか保つことのみに固執しやすい」といった性格の特徴がある。

■生育歴・問題行動歴

　1歳時に両親離婚。初めは実父に引き取られるが，喘息・アトピー性皮膚炎がひどく，すぐに実母に引き取られ，母方の祖母・伯母らと共に生活した。

　2歳時，母がトラック運転手の男性と同棲するが2年ほどで別れる。母の男性関係は派手で，男性との争いとなって，本人の両足を縛ってベランダから突き出し，「この子がいなければいいんだ，死ね」と怒鳴り散らかすこともあった。また，母がパチンコに熱中し，放置された本人は猫の餌を食べさせられたという。

　5歳時に，ホステスであった母が客として来ていた養父と再婚（本人と養子縁組）。養父によれば，母はヒステリックに怒り，本人をミミズ腫れになるほど叩いたり，「殺しちゃえばいいんだろ」と口走ることがあったとのこと。

　小学2年時に妹が出生したが，母の行状は相変わらずで，乳児の妹を放置してパチンコへ行ってしまう。本人も家の金を持ち出すようになった。

　小学5年時に両親が協議離婚。家からの金の持ち出しが激しくなる。

　中学1年の夏休みには無断外泊が始まり，テレクラで知り合った男性から現金をもらうようになる。養父母が，本人の行状不良のため，養子縁組解消について福祉事務所へ相談に行く。相談は児童相談所へ引き継がれ，一時保護などの措置がなされる。しかし，本人は盛り場を徘徊，シンナー乱用やいわゆる援助交際に手を染める。

　1年生の3月に教護院（現児童自立支援施設）へ収容されるが，1か月後には逃走してしまう。

　2年生の6月に，母方伯母に引き取られ生活の立て直しを図るが，

万引，不純異性交遊，そして家出が度重なり，伯母もお手上げ状態となる。

　3年生の5月にも同級生の女子と家出，16歳の少年のアパートに転がり込んで，ホスト遊びに耽っていたが，6月に警察に補導される。少年鑑別所に収容されて，前述のように家庭裁判所で少年院送致処分となった。

■少年院での矯正教育

　約1年間の矯正教育のなかで，義務教育を修了し，薬害や売春の危険性について指導を受けたほか，珠算やワープロなど出院後の就労に役立つ資格の取得にも取り組んだ。また，〈自分の中の気持ち〉と題する作文の中で，「自分自身変わりたいという気持ちが起きたからここで変わることができた。自分のことを好きでなければ，本当の人間関係はできない。自分と同じように人を大切にしたい」と書くまでに内省が深まっていった。

　さらに，小学5年時から中学に入るまでの間に，養父と養父方祖父から性的虐待を受けていたことを少年院の教官に打ち明けたことから，少年院を出るにあたって，養父方を帰住地とせず，矯正施設を出ても適当な帰住先がない人のための施設である〈更生保護施設〉へ帰るよう調整が図られた。

■少年院仮退院後の状況

　法務省関係の公益法人である更生保護施設に帰り，カラオケ店のアルバイトも決め，自立に向けての生活を始めたが，1か月もしないでホストクラブ通いが始まった。「ホストややくざは自分と同じ経験をしているからやっぱり違う。他の人たちは，分かったようなふりをしているだけ」と主張し，「たとえば5つの寂しさや悩みがあったとしたら，この寂しさにはこの人，この悩みにはこの人と，その悩みの分だけ男の人と付き合う。少年院に入る前後で変わったことは，顔で判断しなくなったことぐらい」と言ってのける。結局，仮退院して2か月もしないで，再び〈虞犯〉により盛り場で補導されてしまう。少年院への再収容とはならなかったが，家庭裁判所調査官の試験観察を受けながら，ガソリンスタ

ンドでアルバイトを始めた。

■**家族について**

　母親については,「自分の生んだ子を『殺しちゃえばいい』なんて言う親,あんな女,母親と思っていない」と強く非難するが,特に不遇な環境で育ったとの訴えはない。一方,養父に対しては,「自慢の父,今の自分の支えになっているのは父と彼だけ」と親和し,少年鑑別所などでは面会を楽しみにしていた。少年院仮退院後も,「養父は頼りなる」とお小遣いをもらいにしばしば出かけている。自分の将来について,「夫がいて私がいて子どもがいるすごく幸せな暮らし。父や妹も呼んで五人でピクニックに行く」,「歌手になって有名になって,みんなの憧れの人になりたい」と夢を語っている。

　近親姦における真の治療対象は,虐待者である親であることはいうまでもない。本事例でも,親自身がその生育歴からトラウマを受けてきたことが推察され,世代を越えてトラウマ体験が再現されたものと理解することができる。しかし,実際の非行臨床の現場では,虐待をした親を治療対象とすることはほとんど不可能である。この事例でも,母親は所在不明であり,少年院仮退院後,性的虐待を行ったとされる養父やその祖父のもとに本人を帰住させない措置をとることが精一杯で,それ以上非行臨床機関が介入する法的権限は,少年法や児童福祉法が改正された今もない。

　この種の事例で着目したいのは,少年自身が十分にトラウマとなりうる体験を持ちながら,抑うつ的になって落ち込んだり,反対に,それを声高に訴えることはしていない側面である。性的虐待についても決して否認しているわけではなく,記憶を抑圧するどころか,それを口にすることさえ厭わない〈奇妙な明るさ〉に違和感を覚えずにはいられない。もちろん,外傷体験への心理的反応としての感情的麻痺の側面は否定できないであろう。反対に最近の流行にのって家族トラウマやいじめ体験

などについて語ってやまない非行少年も出現している。

　ところで，矯正施設職員などの関係者は，家庭裁判所の調査などで明らかになっている虐待の事実はもとより，殺人などの重大事件の場合，本人に配慮してショッキングな事件内容などを関係者に対しても口外することは通常ないが，少年自身が周囲にぺらぺらしゃべってしまうことが少なくない。支持的な環境のなかで，「徐々に抑うつ的になって自殺の危険性が生じる」，あるいは「罪の大きさを感じて宗教に救いを求める」といったことが理論的には起こってもよさそうなものだが，現実にはきわめてまれであるといえる。

　非行臨床をはじめとする思春期・青年期のクライエントに対する心理的援助の大きな目的は，外罰的で内省に乏しい少年に対して，家庭でも，学校でもうまくいかない原因は自分にも幾分かはあると気付かせ，悩みを抱えさせるまでに成長を図る働きかけであることはすでに何度も述べた[7]。

　筆者は，少年院などでの矯正教育の重要な機能もそこにあると考えているが，人権への配慮もあってこれまで施設への収容期間は短縮化される方向にあり，家庭裁判所の処遇勧告に従って４か月・６か月・１年以内とほぼ固定的なプログラムが組まれてきた経緯がある。さらに，従来の教科教育と生活指導に加え，近年は，就職に生かせる資格の取得，社会適応訓練（Social Skills Training）など消化することに忙しいプログラムとなっている。しかし，じっくり内面を見つめ，十分に〈落ち込む〉余裕のある処遇プログラムが必要な少年がいることは間違いなく，その意味で，神戸の中学生による「小学生連続殺傷事件」が直接的な契機となって，家庭裁判所が２年を超える少年院への収容期間を設定した事例が出てきたことは評価できるであろう。

3　非行臨床における贖罪への働きかけ

　犯罪被害者に対する社会の注目に呼応して，「非行臨床に被害者の視点を取り入れろ」との要請がにわかに強まっている。特に，人の身体を傷つけ，生命を奪う凶悪な非行は，他者の「生命の重さ」さえ思いやれない少年の増加を示す象徴的出来事に他ならないであろう。さらに憂慮すべきは，重大な身体・生命犯を行いながら，家庭裁判所の審判のための資質鑑別を行う少年鑑別所で面接を行っても，「まさか死ぬとは思わなかった」「自分は主犯ではない，その場の流れでどうしようもなかった」と繰り返すばかりで，人ごとのように緊張感のない少年がめずらしくない事実である。

　筆者は，非行少年が，他者の痛みへの共感性に乏しく，思いやりに欠けるのは，自分自身の傷つきへの気づきそのものが欠如しているのではないかと考えている。彼らの生育史を見れば，親から身体的・心理的虐待を受け，薬物乱用や援助交際などの自らを損なう体験，すなわちトラウマとなりうる体験を持ちながら，抑うつ的になって落ち込んだりすることが見られない事例が少なくないことはすでに述べた。このような子どもたちが，自分の不幸や生きづらさを悩んだり，周囲に訴えて相談しないのは，それを自己に引き受けて抱え込んでいない証左であろう。

　このような少年の出現を前にして，非行の重大性を深く認識させ，被害者及びその家族等に対する謝罪や思いやりの気持ちを育てることが，加害少年の改善更生にとって重要な意味を持つことから，贖罪教育が非行臨床において，近年，強調されるようになってきている。

　具体的には，神戸の猟奇的な事件の発生などを契機として，重大な非行を犯し，問題性が極めて複雑・深刻な少年に対して，小動物の飼育・花き栽培などにより生命の尊さを認識させ，心理療法等を用いて少年の

共感性や思いやりの気持ちの育成に努めることを柱とする新たな少年院の処遇プログラムが設けられたのである。

次に，役割交換書簡法とも呼ばれるロール・レタリングを活用して非行少年の思いやりを回復させる試みの一例を紹介する(8)。ロール・レタリングは，少年が自分自身と親の双方の役割をとって，互いの立場で手紙を交換して家族関係の調整を図るなどの活用例が多いが，この事例では，少年自身が加害者と被害者双方の役割をとって手紙をやり取りするする手法が用いられている。

【事例2】
■非行の概要・家族状況
少年：16歳の男子，高校1年中退後無職。
非行の概要：同級生一人と共に，以前にがんをつけられた被害者3人を見つけだし，顔面，頭部等を棒で数10回殴打するなどの暴行を加え，財布・携帯電話等を強取し，この暴行により被害者の一人を脳障害により死亡させた強盗致死傷である。
家庭裁判所において少年院送致となったが，「本件非行が重大であることや，少年の性格的偏りが大きいので，少年の社会適応力を向上させるには資質面の改善を図ることが必要であるところ，それには相当長期にわたる少年院における処遇を要する」との処遇勧告が付され，通常の約2倍である2年の収容期間が設定された。
家族構成：実母との生活。両親は12歳時に離婚しているが，その後も少年は実父と二人で旅行に行くなど交流はある。
■少年院の処遇経過
通常の生活指導・教科教育に加え，ロール・レタリングなどの心理療法的アプローチが実施された。また，実母の面会では，被害者からの8,400万円にのぼる損害賠償請求書を敢えて少年に示し，本件の重大性を認識させるよう努めた。次に，〈被害者のN君へ〉と題する手紙の一部を転載する。

第7章 ●非行少年の被害体験と贖罪

「N君には，本当に申し訳ないことをしてしまいました。本当にすまない。あなたに対して暴行を加える理由などなかったんです。ただ自分が人を殴りたいという欲を満たすために，無理矢理つけた理由でしかないんです。ただ目が合っただけといえばそうでしかありません。

　自分は，ただ強くなりたかっただけなんです。強くなって以前の不良仲間に，復讐がしたかっただけなんです。以前からN君のことを狙っていたとか，そういうことではなかったんです。自分は強くなりたかった。それだけだったんです。

　本当にすまない。自分勝手な考えからあんなことになってしまった。もうN君を生き返らせる人は，誰もいないんです。もう家族に会うことも，できないのです。もう親孝行ができないのです。本当にすまない。許してください。　加害者のKより」

　このように贖罪意識は深まっていったが，自殺や自傷行為の心配も危惧されたため，その点への配慮も十分行いながらロール・レタリングが継続された。再び〈N君へ〉と題する手紙の一部を紹介する。

「自分が死ぬことは簡単にできる。殺されるよりも辛いとは思えない。(中略) N君の思いを晴らすのは，自分が死ぬことに近い苦しみを生きていく中で感じるしかないのです。

　そのために自分は，生きる義務があるものだと思って毎日を生活しています。間違っても死にたいとか，殺してくれだとかは言いません。それを言いたくなったとき，生きる苦しみの意味があるのだからです。

　生きていくことが，義務となった以上，しっかり生きたいと思います。本当にあんなことをするつもりはなかったのに，自分は暴行を加え死なせてしまった。本当にすまない，許してください。加害者のKより」

　生きることで，被害者の苦しみを，少しでも感じるようとする決意が見られる内容である。少年院入院後10か月を経過したが，少年は，損害賠償の支払いにも目を向けると共に，人を助ける福祉関係の仕事がし

たいという目標ができ，大学入学資格検定（大検）の受験を目指し勉強を始めている。

ところで，家庭裁判所で保護観察処分に付されたり，少年院を仮退院すると，原則として20歳に達するまで保護観察所の指導・監督を受けることが法定されている。この保護観察処遇においても「社会参加活動」という非行少年の「思いやり」を育む取り組みが，1994年から始まっている。

これは，特別養護老人ホームや身体障害者療護施設等の社会福祉施設などにおいて，保護観察中の少年たちが社会奉仕活動を直接体験するものである。非行少年の社会性を育み，社会適応を促進するために実施されている処遇プログラムのひとつであるが，その活動内容から，非行少年の「思いやり」の回復が期待されている。次に，「おやじ狩り」で重傷を負わせた17歳の少年の参加感想文を紹介しよう[9]。

> 「機能訓練のための手作業をお年寄りと一緒にやりました。僕が一緒にやった人は，片方の手が不自由で最初は作業がなかなかはかどらなかったのですが，僕と一緒に頑張り随分進むことができました。話しかけるととても喜んでくれて，こんな僕でも喜んでくれる人がいるんだなあと思うと，心がいっぱいになりました。これからは，お年寄りや周りの人たちにいたわりのやさしさをもって接しようと思います」

わずか1日の体験活動ではあるが，社会的弱者と呼ばれる人々との交流が，他人に対する共感性を育み，自分に対する評価を高めていることがうかがえるであろう。

一方で，非行臨床に従事する者が，被害者への対応を重視し始めたのと同時に，加害少年たちも「被害者への謝罪が大事である」という認識を持ったのか，少しでも軽い処分を，そして，早く出院できるようにと，親に被害者への慰謝の措置を早急に行うよう強制する者も散見され，経

済的に豊かでない親の苦しみが倍加するような事例に出会うことも現実である。「人を思いやる」ことができずに学校でも家庭でもうまくやれず，非行を繰り返してきた少年たちに，いきなり「被害者（遺族）の心の痛みを知れ」といっても土台無理な注文である。

彼らが，自己の傷つき，痛みを自覚し，それを親や友人のせいにするのではなく，自分の悩みとして抱え，きちんと落ち込むことができたときにはじめて，他者の傷つき，痛みを察する，すなわち「人を思いやる」ことができるようになる事実をあらためて強調しておきたい。その意味で「被害者の視点に立った処遇」とは，これまで我々が積み重ねてきた非行臨床の充実に他ならない。

4　家族関係からの傷つきを訴える摂食障害の事例

先に述べたが，事例1のような第三者からみて重大な深刻なトラウマとなる被害体験を経験していると思われるにもかかわらずそれを〈こころの痛み〉として受け止めることのできないケースとは対照的に，ひたすら家族や友人等の人間関係から傷ついたと被害性を訴え続ける事例が，最近とみに増加しているように感じられる。非行・犯罪臨床の現場では，それらは家庭内暴力や不登校，ひきこもりを経験した事例，あるいは摂食障害に伴う食物の万引き事件などとして出会うことが多いが，処遇者もその訴えに振り回されて対応に苦慮することが多い。

斎藤学は，家族トラウマ後遺症として摂食障害を取り上げ，そのなかには20％以上という高率で近親姦の被害者が含まれていることを強調している[10]。その数字の適否はおくとして，ここでは非行臨床でなく，筆者が，臨床心理士として関わった「家族関係に傷ついた被害者」と強く訴える境界例水準の摂食障害事例を取り上げ，どのような治療的関与が有用であるのか考えていきたい。

【事例3】

■主訴・治療構造

本人：初診時28歳　貿易会社派遣職員　短期大学ピアノ科卒

「3年前から過食が止まらない」を主訴として，精神療法を専門とする精神科クリニックを受診したもの。面接は2週間おきで，本人単独の場合は1時間，適宜行う家族との合同面接では1時間半の面接を実施する治療契約が結ばれた。

■家族状況（年齢は本人初診時）

父親（59歳）：輸出業を自営　かなりの好酒家
母親（58歳）：主婦専業　夫と共に毎晩飲酒
次兄（29歳）：結婚して自立，マリファナ・覚せい剤の乱用歴
　　　　　　　がある

長兄は，生後50日で心臓障害で死亡，次兄も小児喘息のため虚弱児であった。

■生育歴

父親の仕事の関係で，小学校，中学校，高校生活をそれぞれ別の地方で過ごす。短大ピアノ科を出たが，父親の「音楽ばかりやっていると片端になる（差別的だが父の表現のままとした）」の意見で5年あまり証券会社に勤務。その後1年半自宅で子どもにピアノを教え，現在では派遣会社に登録して貿易事務に従事している。

■現病歴

米2合，おにぎり6個，菓子パン10個，マーガリンと蜂蜜をつけた食パン1斤，スパゲッティを夜9時から朝方まで食べては吐き，便秘薬4日分を食前後に服用して食べたものを全部身体から出す生活をこの3年間続けている。これだけ食べても，吐いてしまえば太らずにすむ快感があるという。体重は40キログラムがベストだが，今は43キロ，最も重くて52キロ，痩せていて28キロだった。「どうなりたいのか」との問いには，「第1に，この状態で食べ吐きさえなければいい。第2に，結婚はしたくないが支えになってくれる人が欲しい。第3に，自立したいが収入的に無理

だと思う」との答えが返ってくる。両親は，食べ過ぎとは言うが，病気とは思っていない，とのこと。

■家族トラウマの訴え

　小学6年生のときに両親に離婚騒動が持ち上がったが，母は「手に職がないから離婚できない」と私にピアノを習わせた。身分不相応にも，金のかかる私立学校に行かせてちゃんちゃらおかしい。小学2年から中学1年まで両親は口もきかない，食事もしなかった，原因は父の女性問題。母は自分より劣っている人が好き，高卒にすごいコンプレックス，父の有名私大卒という学歴が自慢，でも父は学歴負けしてるんです。父親が許せない，ものを食べるときの音が嫌い，半径1メートル以内にはいたくない。この病気は父親のせいだ。父親が浮気で寄り付かず，母が寂しい思いをしていたので食事に執着し，子どもに食べさせることで満足，それが私の病気になった。「私のせいで離婚ができなかった」という母が憎い。小学5年生ころから自殺して母を困らせてやりたかった。母は威圧的で，「自分のやっていることは間違いない」としか言わない。人の気持ちが分からない親だ，自分は虐待を受けてきた，本当に親が憎い。

　長く境界例水準の摂食障害の精神療法に関わってきた下坂幸三は，「大多数の境界性人格障害は，有効な治療を受けないかぎり，自己の心的困難を，自己の欠陥に帰することはなく，はじめからあらわに他者と運命との故にしている。他者の筆頭は，両親である。『親のせいでこうなった。親をにくむ』と公言してはばからない境界性人格障害（BPD = Borderline Personality Disorder）は，ふえつづけているという印象を受ける。他罰的でないBPDは存在しない。もし患者が他罰的でないとしたら，それはBPDではないといってもよいだろう」と断言している[11]。このように，家族から受けたトラウマを声高に訴えて治療場面に登場するのが，青少年犯罪にも見い出される人格障害を抱えたクライエントを中心とした近年の思春期・青年期患者の大きな特徴であ

る。

5　非行臨床におけるトラウマへの対応

　トラウマへの受け止め方が異なる，ここまで取り上げてきた事例を参照しながら，家族トラウマを中心に非行臨床におけるトラウマへの対応についてまとめてみたい。

（1）患者の語る家族と現実のとギャップ

　事例3の患者が，深夜近くに筆者宅へ「悪魔に殺される，助けて」と叫んで電話してきたことがあった。精神的に錯乱し，妄想・幻覚が出現したのか，と筆者も緊張したが，患者はもとより，母親によく尋ねてみると次のような事情が判明した。深夜の食べ吐きがひどいので父親が諫めたところ，本人がパニック状態に陥った。母親は，本人の仕事が残業も多く，これが過重な負担になっているのではと心配して「仕事を一時辞めたら」と助言したところ，「仕事が命なのにそれを辞めさせようとしてしている，母親は悪魔だ」と大声でわめきだした，とのことであった。後日の面接で，本人は，「外では一生懸命良い子でいようと取りつくろっているが，うちの中まではとてもできないよ」と述懐した。
　患者との個人面接の中で語られる，家族，とりわけ，両親像は〈邪悪〉といっていいものが大半である。幼少期から現在に至るまで，いかに親がひどいものであったか，愛情に欠け適切に養育されてこなかったか，きょうだいに比べて差別的扱いをされてきたのか，長じても，親の無理解な対応でどれだけ苦しんでいるか，と訴える。この病気もあの親のせいだと思う，本を読んでも「摂食障害は家族関係が大きな影響を与えている」と書いてある，あんな親は治療に呼んでもらいたくない，親に弱みを見せたくない，「親が来たので良くなった」と言われたくない，と

まで言い切る患者もいる。

　このような患者の言葉は，非行少年にもしばしば認められる〈強迫性〉に大いに関係がある。0か100か，極端好きで，何事にも目立たないと気が済まない彼らは，自らの不幸においても誰よりも悲惨であることを望む。個人療法や自助グループの経験があれば合点がいくであろうが，強迫性の強い彼らはストーリーの達者な語り部である。治療者が，幼児期にさかのぼって親の有り様を根掘り葉掘り尋ね，「共感的」に傾聴することが，患者の偏った独りよがりの家族像をかえって負の方向に増幅させ，治療がはかどらなくなる場合も少なくないことに留意したい。

　また，強迫性の特質であるコントロール好きで，全能感に溢れてはいるが，現実には何でもうまくこなすことはできないので，こころの一面ではまったく裏腹に，何事にも自信がなく，猜疑心や不全感に覆われていることが多い。このことが，表裏のある言動につながり，治療者の前ではいい子ぶることが往々にある。そのために，症状をはじめ，患者の在り様の全体像をしっかり把握したければ，患者を含めた家族合同面接が不可欠である。実際のところ，家族に治療場面に登場してもらうと，患者が告発してきた親とは別人かと感じることが少なくない。前述の事例でも，子どもの体を気遣って「吐いてもいいから食べて欲しい」と父親は懇願し，母親は「自分の育て方が悪かった」と自責の念にかられ，娘の血管が浮き出た老婆のような手をさすりながら，「このままでは娘が死んでしまう」と泣きじゃくる場面が見られた。そして家族療法的アプローチを続けるなかで「親孝行したい」という気持ちも出現し，家族関係が好転するに伴い摂食障害も改善していった。

（2）家族に働きかける際の留意点

　摂食障害では，食べ吐きなどの食行動異常に加えて，家庭内暴力のような家族への荒れた言動，さらには，食物の万引などが伴うが，このよ

うな非行を代表とする行動化型の思春期にあるクライエントの家族面接は困難である，と臨床現場ではよくいわれる。第一，家族を治療場面に参集させることが容易ではないと指摘されるが，本当にそうであろうか。患者の言葉に引きづられて，治療者が家族を病理の根源として敵対視していることが災いしていないか。思春期であれば親と戦っているのが正常な発達課題であって，患者の陳述を一方的に信頼するのは公平に欠けるであろう。また，家族に隠れて自室に閉じこもり，深夜，過食・嘔吐やシンナー乱用を繰り返している本人のいつばれるかもしれない不安の耐え難いことへの配意も必要である。

　親を悪く言う患者の心の片隅にある「親に自分の苦しみを分かって欲しい」という心情に，「あなたから見るとひどい親でも応援してもらえたらありがたい，という気持ちも少しはあるよね」とたくみに触れていけば，「そんな気持ちもないわけではない」と穏やかな反応が返ってくるであろう。患者が家族のかかわりを切に求めていることは，家族の面前でこれみよがしに食事をとらないふるまいからも，外面は良くて，暴力の対象が家族に限定されていることからも明らかである。

　母親はともかく，家庭内で周辺的位置にいることの多い父親の協力を得ることは難しい，との反論があろう。事実，患者本人や母親からは，「父親は仕事ばかりで，子どものことは母親にまかせきりですから」と伝えられる事例も多い。しかし，治療者から直接，「仕事が忙しく，お子さんにかかわれる時間は少ないかもしれませんが，お父様のご心配もお母様以上かと思います。一家の柱である，お父様のお力添えをお願いいたします」と治療への参加を要請すれば，ほぼ例外なく，あれほど多忙と伝えられてきた父親が，休暇を取って参加してくるものである。大事なのは，母子から伝達される父親像には，両親間や親子間の葛藤が背景にあることへの目配りである。そして，単に母子面接を継続しても，治療構造はそのような家族状況を引きずり再演するだけであり，かえっ

て治療者の援助により母子はパワーアップされるのに比べ，父親は価値下げされ，その疎外は強化されるだけである．家族を応援することによって，父母双方からの〈支え〉が患者自身に実感されることが必要であって，いずれかの親が〈悪者扱い〉されている間は，患者本人の回復は望みがたいのである[12]．

（3）"悩みを抱えさせる"働きかけ

家族など対人関係の悩みを抱えることができるためには，理に合わないこと・一筋縄ではいかないこと・仕方がないことを身をもって体験することである．子どもは，完全に欲求が充足されてしまっては，〈どうにかしたいが，どうにもならない〉といった矛盾を抱え込む体験を重ねることがなく，思い通りにならない怨みやつらみを心の内に思い留める術を身に付けることができない．

このような思いを抱え込むことは，特別の生育環境ではなくても，きょうだいの間などで自然に経験されてきたものである．弟と同じ悪さをしても，「お兄ちゃんなんだから～」と親から一方的に叱られ，あるいは，妹が姉のお古の洋服やおもちゃを与えられるような理不尽な体験は，きょうだいがいれば誰もが思い当たるのではないか．また，思春期に親子間の葛藤を経験する前に，たっぷり同胞間のそれを経験することの重要性は計り知れない．親と子の2者関係から，親と同胞との3者関係への拡がりは，煮詰まりがちな親子関係への適度な差し水となり，さらには，異なる年齢の子どもとの葛藤を抱えながらもキレることのない付き合い方を学ぶ最初の機会となるのである．

しかし，これも少子化の影響により，同胞間葛藤の経験がもてない子どもの増加は避けることができない．少子化は間違いなく進展し，無い物ねだりをしても仕方がない状況の中で，このような葛藤状況を経験させるためには，親や教師など周りの大人も，子どもの欲求に細やかに即

応するばかりではなく，意識的に〈ほどほどに理不尽〉な存在でなければならない。

　思春期外来を受け持つ精神科医である青木省三は，「よい親，よい教師とは，ほどよい理不尽さをもつ親や教師なのだと思う。思春期になっても，反発するところが見つからない理解のよすぎる親や教師だと，子どもはやりにくい。理不尽なところがあるからこそ，反発ができる。付言すると，家族や教師のメンバーがあまりに足並みをそろえないことも大切である。共感的，受容的な人もいれば，厳しい恐い人もいるという多様さと，その異なる人たちの間で信頼が成立していることこそが，家族や教師の集団としての質のよさになるように思う」と指摘している[13]。

　他方，子どもに対して，受容的・共感的に接することが推奨され，子どもの思いは何事も受け入れてやることを是とする〈子ども中心主義〉のドグマも根強いものがある。子どもの数が減った親も，一クラスの人数がコンパクトになった教師も，これまで以上に子どもに目が行き届く態勢が整えられ，子どものさまざまな要求に細やかに即応する風潮はますます強まるであろう。これに，子どもの自己決定権を尊重するのはいいが，子どもの実態を無視した大人の一方的な思い入れが加わり，「子どもが嫌がることをさせるのは悪である」という狭隘なイデオロギーが生まれているのではないか。〈行きたくないなら無理に学校には行かなくてもよい〉〈子どもがしたくないことはさせてはいけない〉といった対応が，世間ではすでにもてはやされている。

　しかし，同級生や担任のなかに必ずいる我慢ならないような人間との折り合いをつける苦労，一見何も意味がないようなルールを守ること，裏方に回って雑用をこなすこと，すなわち〈理に合わない〉体験の重要性を強調したい。同様に，家族の危機を子どもながらにも受け止め，人との抜き差しならない対立を直視し，不安や不愉快を味わうことが，自分自身のこころの容量を拡げるものになることを忘れてはならない。

子どもの問題行動への具体的な対処法としては，深刻な家族病理から彼らを守るために，病院や専門施設などにおいて治療者が両親機能を代行し，健全な父性や母性を経験させながら自立を促す方策が代表的なものである。さらには，教育病理に蝕まれた学校への通学を無理強いせずに，フリー・スクールにおいて何事も強制されない場を設定し，非行少年は悪影響の強い友人から引き離すために，最近では海外にまで"遊学"させる事例が散見されるが，同様な手法と見なせるだろう。

　しかし，これらの方策は，緊急措置としては必要なものもあるが，肝心の家族への援助は放置され，必要な友人関係さえも失うなどの副作用が甚大である場合が少なくない。問題や病理から子どもを引き離して，健全でピュアな環境を一時的に提供することだけでは十分な援助となり得ない。不条理な世界に生きながらえるために，清濁合わせ飲む力量を身に付け，何事も一筋縄ではいかないことを，子どもに繰り返し身をもって体験させることこそが，われわれ大人の責務である。

　心理臨床におけるトラウマへの関心の高まりを背景に，非行臨床では，虐待問題に社会の耳目が集まったことから家族トラウマを含めた非行少年の被害体験への注目が目立っている。一方で，犯罪被害者施策のひとつとして，犯罪被害者のトラウマへの対応として非行少年の贖罪が強調されるようになったことは述べてきたところである。非行少年の被害性と加害性は円環する問題であり[14]，被害者への共感・思いやる力を育てる贖罪教育においては，加害者である少年自身の傷つき・こころの痛みに直面させることが肝要であることを主張した。このような臨床実践はいまだ緒に就いたばかりであり，理論的にも技法的にもこれからの段階といえるであろう。既に何回か言及した被害者と加害者が直接向き合う〈和解プログラム〉にしても制度的なシステムとはなっておらず，まずもって，被害者と向き合えるまでに非行少年を成長させる働きかけこ

そが，非行臨床の第一義的な仕事なのである。

●引用・参考文献
（1）緒方明「ACは臨床単位になり得るか？」,『現代のエスプリ358 トラウマとアダルト・チルドレン』, 175-182, 1997
（2）信田さよ子「アダルト・チルドレンとトラウマ」,『家族療法研究』14巻3号, 155-159, 1997
（3）林道義『父性の復権』, 中公新書, 1996
（4）法務総合研究所研究部「報告11/19——児童虐待に関する研究」, 2001/2002
（5）小林寿一「犯罪・非行原因としての児童虐待」,『犯罪と非行』109巻, 111-129, 1996,
（6）西澤哲『子どもの虐待』, 誠信書房, 1994
（7）生島浩『悩みを抱えられない子どもたち』, 日本評論社, 1999
（8）高木春仁「相当長期の処遇勧告が付された少年の事例」,『矯正教育研究』第44巻, 33-39, 1999
（9）中川明子「社会参加（体験）活動の感想文から」,『更生保護』1997年4月号, 34-37, 日本更生保護協会
（10）斎藤学「日本の摂食障害者における児童期性的虐待の頻度について」,『思春期青年期精神医学』6巻2号, 152-158, 1996
（11）下坂幸三「心的外傷理論の拡大化に反対する」,『精神療法』24巻4号, 332-339, 1998
（12）生島浩「摂食障害と家族のあいだ」, 野上芳美（編著）『摂食障害』日本評論社, 1998
（13）青木省三「思春期外来からみえるもの」,『こころの科学』78号, 87-91, 1998
（14）藤岡淳子『非行少年の加害と被害』, 誠信書房, 2001

第8章

少年非行と行為障害
――精神障害を抱えた非行少年への対応――

1　はじめに

　改正少年法が2001年4月から施行されている。その内容は第1章に詳しいが，検察官・弁護士の審判出席等による事実認定手続の適正化，刑事罰適用年齢の16歳以上から14歳以上への引き下げなどの厳罰化，犯罪被害者への情報開示・意見聴取を行うことなど家庭裁判所における少年事件の取り扱い要領の変更が主なものである。神戸の「酒鬼薔薇少年」事件に始まり，愛知県豊川市の「人を殺す経験がしたかった」と近所の主婦を殺害した事件，さらに，乗客3人が死傷した佐賀の「バスジャック事件」など精神鑑定がなされ，行為障害やアスペルガー症候群といった精神医学上の診断名が付された非行少年への対応は，全く顧慮されていない。
　一方，2001年6月に精神病院に入退院を繰り返していた男が，大阪教育大附属池田小学校に侵入し，児童23名を殺傷するという事件を契機として，「心神喪失等の状態で重大な他害行為を行った者の医療及び観察等に関する法律」（以下「心神喪失者等医療観察法」と略称する）

が2003年7月に国会で成立した[1]。この法案は成人の触法精神障害者に関するものであるが，少年犯罪と刑事責任能力の問題や矯正施設から出院後スーパービジョンを行う保護観察所と精神医療との連携などを考える上で欠かせない重要な法律となるものである。

本章では，行為障害と少年非行との関連及び精神医学的治療と非行臨床との連携について概説し，法的整備を含めたあるべき連携システムの構築にも言及していきたい。

2　少年非行と行為障害との関連

少年非行は，非行少年の刑事司法上の手続について規定している少年法に基づく法的概念である。第1章で詳述してあるとおり，少年の年齢や行為の内容によって犯罪少年・触法少年・虞犯少年の3種類に非行少年を分けている。

一方，操作的な診断基準である米国精神医学会の「精神疾患の診断・統計マニュアル」第4改訂版（DSM-Ⅳ）やWHOにより制定された「国際疾病分類第10改訂版」（ICD-10）によって採用された医学上の概念が「行為障害（Conduct Disorder）」である[2]。DSM-Ⅳによるものが広く流布しているようだが，ICD-10には，「家庭限局性行為障害」といったわが国の家庭内暴力に該当する概念が含まれるなど，非社会的行為と反社会的行為とが混合している点が特徴的である。

表1のようにDSM-Ⅳは，「人や動物に対する攻撃性」，「所有物の破壊」，「嘘をつくことや窃盗」，「重大な規則違反」に係る計15項目を掲げ，そのうち3つが1年以内（少なくとも1つは6か月以内）に存在し，かつ，これらの行動様式が反復的・持続的に出現することから著しく社会不適応に陥っているときに行為障害と診断できるとした。

ところで，DSM-Ⅳでは表2のように，行為障害を発症年齢によって

表1　DSM-Ⅳ行為障害（Conduct Disorder）

A．他者の基本的人権または年齢相応の主要な社会的規範または規則を侵害することが反復し持続する行動様式で，以下の基準の3つ（またはそれ以上）が過去12カ月の間に存在し，基準の少なくともひとつは過去6カ月の間に存在したことによって明らかとなる。

人や動物に対する攻撃性
- （1）　しばしば他人をいじめ，脅迫し，威嚇する。
- （2）　しばしば取っ組み合いのけんかをはじめる。
- （3）　他人に重大な身体的危害を与えるような武器を使用したことがある（例えばバット，煉瓦，割れた瓶，小刀，銃）。
- （4）　人に対して残酷な身体的暴力を加えたことがある。
- （5）　動物に対して残酷な身体的暴力を加えたことがある。
- （6）　被害者の面前での盗みをしたことがある（例えば人に襲いかかる強盗，ひったくり，強奪，武器を使っての強盗）。
- （7）　性行為を強いたことがある。

所有物の破壊
- （8）　重大な損害を与えるため故意に放火したことがある。
- （9）　故意に他人の所有物を破壊したことがある（放火以外で）。

嘘をつくことや窃盗
- （10）　他人の住居，建造物または車に侵入したことがある。
- （11）　物や好意を得たり，または義務を逃れるためしばしば嘘をつく（すなわち，他人を"だます"）。
- （12）　被害者の面前ではなく，多少価値のあるものを盗んだことがある（例：万引，ただし破壊や侵入のないもの，偽造）。

重大な規則違反
- （13）　親の禁止にもかかわらず，しばしば夜遅く外出する行為が13歳以前から始まる。
- （14）　親または親代わりの人の家に住み，一晩中，家を空けたことが少なくとも2回あった（または長期にわたって家に帰らないことが1回）。
- （15）　しばしば学校を怠ける行為が13歳以前から始まる。

B．この行動の障害が臨床的に著しい社会的，学業的，または職業的機能の障害を引き起こしている。

C．その者が18歳以上の場合，反社会性人格障害の基準を満たさない。

（高橋三郎他（訳）『DSM-Ⅳ-TR精神疾患の診断・統計マニュアル』医学書院，2002）より）

表2 行為障害の病型と重症度

▶発症年齢による病型
　小児期発症型：10歳になるまでに行為障害に特徴的な基準の少なくとも1つが発症。
　青年期発症型：10歳になるまでに行為障害に特徴的な基準は全く認められない。

▶重症度
　軽　症：診断を下すのに必要である項目数以上の行為の問題はほとんどなく，および行為の問題が他人に比較的軽微な害しか与えていない（例：嘘をつく，怠学，許しを得ずに夜外出する）。
　中等症：行為の問題の数および他者への影響が"軽症"と"重症"の中間である（例：被害者の目の届かないところで盗みをする，破壊行為）。
　重　症：診断を下すのに必要な項目数以上に多数の行為の問題があるか，または行為の問題が他者に対して相当な危害を与えている（例：性行為の強要，残酷な身体的暴力，武器の使用，被害者の面前での盗み，破壊と侵入）。

10歳未満発症の「小児期発症型」と10歳以上で発症した「青年期発症型」に分類している。両者の違いとして，小児期発症型の方が，他者への身体的攻撃行動を示す行動が著しい，男子の比率が高い，社会的予後が不良であることなどが指摘されている[3]。

　わが国の非行少年との関連では，家庭裁判所で観護措置をとり少年鑑別所に収容された少年を対象とした調査によると，「行為障害を基準を満たす少年は全体で56.1％であり，アメリカに比べて有病率に大きな差異はなかった」との最近の報告がある[4]。表3のように年齢が高くなるほど，行為障害の割合が低くなるのは，思春期も後期となると，行為障害といった精神疾患とは別の次元の要因，たとえば，不良交遊や薬物への好奇心などから非行を犯す少年が少なからずいることを示している。しかし，その診断基準は，アメリカの社会文化的背景からであろう，動物に対するものを含めた攻撃性に重点が置かれている。また，窃盗や放火などの違法行為に加え，「しばしば嘘をつく」といったあいまいな対人行動上の事項を挙げており，正確な評定・分類は容易ではない。

表3　行為障害の基準を満たした少年の割合（%）

	14歳	15歳	16歳	17歳	18歳	19歳	計
男	86.7	62.9	39.1	56.6	53.1	48.3	54.3
女	90.0	66.7	33.3	60.0	0.0	33.3	70.4
計	88.0	63.2	43.1	56.9	51.5	46.9	56.1

＊内小児期発症型は6人（2.5%）。重症は86人（64.7%）。

　付言すれば，警察や家庭裁判所などの公的な非行臨床機関では，法的概念である「少年非行」を用いており，少年鑑別所や医療少年院などの精神科医が，近年，ごく一部の非行少年に「行為障害」の診断名を付するようになったというのが実情である。

3　行為障害の併存障害

　行為障害は，精神疾患を持つか否かにかかわらずどのような子どもにも生じうる障害であるが，一般的には併存障害を伴う時には，より重篤な症状を示すことになる。行為障害と親和性の高いといわれる精神疾患を挙げる。

（1）注意欠陥／多動性障害（AD/HD）

　AD/HD（attention-deficit/hyperactivity disorder）の主症状は，不注意・多動性・衝動性であり，いわゆる「キレる」と呼ばれる短気で乱暴な衝動行為が，他者に向けられるという事態が少なからず生じうる。行為障害（CD）にAD/HDが併存した場合には，CDの発症年齢が早い，多くの身体的攻撃性と経過が長くなるとの指摘もある[5]。
　AD/HDの大半は，家族や教師などへの反抗を伴っていることから，反抗挑戦性障害（oppositional defiant disorder：ODD）と診断できるほどの意図的な乱暴や挑発の心性が優勢になってくれば，非行の領域に入

ってくることになる。すなわち，CDの前駆状態としてのODDの併存に配意する必要がある(6)。

（2）統合失調症（精神分裂病）と気分障害

統合失調症（精神分裂病）がひそかに進行し，情性の欠如ないし感情鈍麻と道徳性・規範性の崩壊の表現である盗み，暴力行為，性的逸脱として現われることがあるが，動機が理解不能で突発的，共犯がおらず単独で行われることに特徴がある。

また，双極性気分障害の躁病の時期に，気分の高揚，万能感と攻撃性の高まり，乱費癖といった諸症状が，薬物乱用，性的逸脱などの非行として顕在化することがある。

（3）アスペルガー障害

アスペルガー障害の子どもに共通する特徴として，他者の気持ちを察し共感する能力の乏しさ，物事に対するこだわりの強さ，暗黙のルールを読みとる能力の低さなどが指摘されている。そのため，起きた結果や被害者の心情に関して極端に無関心で，「人を殺す経験をしたかった」というような特異な理由付けによる唐突な非行がなされることがあるが，極めて例外的な事案である。

また，薬物乱用については，有機溶剤（シンナー，トルエン）や覚せい剤，さらにはAD/HDに処方されるリタリンが「合法覚せい剤」と偽ってインターネット上で売買されており，その依存性が問題となっている。摂食障害では，過食・嘔吐が前面に出ている時期には，万引などによる盗み食いが出現しやすい。また，非行が収まらず10代後半に至れば「反社会性人格障害（antisocial personality disorder）」と診断されうるであろうし，重大な非行を犯した少年のうちに微細な脳障害が発見

されるとの指摘もある[7]。

4 事例

　非行臨床における精神医学的との具体的な連携システムを考える準備作業として，筆者が，保護観察所に勤務していたときに直接対応した，あるいは，スーパーバイズを行った児童思春期精神医療との連携が不可欠であった事例をもとに検討を加えたい。ただし，個人の匿名性を守るため，必要な改変を加えて記述した。

【事例1】措置入院は認められなかったが，医療少年院仮退院を前に精神医療機関との連携を図り，治療継続に配慮した女子の事例

■家族状況

　実父は，元暴走族で少年院入院歴があり，母親への暴力のため，本人が生まれる直前の19歳時に離婚し家を出ている。実母も少年時代からシンナー乱用などの非行歴があり，中卒後父親と同棲し，17歳時に本人を出産するも遊び盛りで養育を放棄していた。母方祖父母が同居しており，祖母が本人の実質的養育者で，猫かわいがりとも言える溺愛ぶりが目立っている。

■問題行動歴

　保育園から集団生活が苦手で，小学5年時には，同級生の女子にいたずら電話を1日何百回もかけたり，嫌がらせの手紙を家のポストに入れたりする問題行動が現われた。中学に入っても，気に入らない友人宅に無言電話を繰り返し，友人もできずに中学1年生の6月以降は不登校となった。そのため，教育相談所で指導を受けるようになったが，「自分のことを分かってくれない」と刃物を持って来所し，ガラス戸を壊すなどの異常な行動が見られた。中学2年になり，「お金が欲しい」とテレクラ遊びを始め，母や祖母が注意すると包丁を出して暴れた。収容された少年鑑別所の精神科医により，「行為障害（思春期発症型・重度）」と診断された

が，13歳という年齢がネックとなり少年院送致ができず，集団生活は無理との判断から教護院（現在の児童自立支援施設）送致も見送られた。

家庭裁判所調査官の試験観察となり帰宅した直後から，教育相談所や少年鑑別所に「馬鹿，死ね」と書いた嫌がらせや脅迫めいた手紙を何回も出し，指導を受けていた児童相談所のトイレ内でシンナーを乱用した非行により保護観察処分となった。

■保護観察所の対応と少年院収容

保護観察となった後も，援助交際を重ねながら妊娠しないので自分が不妊症だと思い込み，産婦人科医院で妊婦が憎いとナイフで脅かし，不妊を苦にして薬の溜め飲みや飛び降り自殺，リストカットなどを繰り返した。そのたびに精神科を受診するが応急措置に終わり，保護観察の担当者が家庭訪問すると全裸になり，「オナニーをするから」と自室に籠もってしまう状況に陥った。

保護観察となって3か月後，「テレクラ遊びを繰り返し，手首を切るなどの自傷行為ばかりか，誰でもいいから刺してやると叫んで包丁を持って徘徊する」との虞犯事由により家庭裁判所に送致され，14歳時に医療少年院送致となった。少年院では，精神科医から「行為障害」と診断され，躁病治療薬，気分安定薬，抗不安薬などが処方された。ところが，自殺企図，職員への暴言，収容者への弱い者いじめがひどく，通常は1年前後の収容期間にもかかわらず，入院から2年余り経過するも集団生活ができず，仮退院の目途も立たない状況が続いた。

■少年院からの仮退院と保護観察

抗精神病薬などが増薬され，少年院出院後の治療を公立病院の精神科医が引き受ける態勢が整ったことを条件に，入院から2年3か月経過した16歳で仮退院が許された。仮退院を控え少年院長から県知事宛に精神保健福祉法第26条に基づく「精神障害者出院通報」がなされたが認められなかった。

少年院からの仮退院後，出院前の関係者による調整が効を奏し受診はスムーズに継続されたものの，保護観察の担当者から「18

歳からでないと就職が難しい」と聞いた途端に「18歳の女を殺したい」と大暴れし，また，リストカットなどの自傷行為が頻発した。やむなく，保護観察所は，わずか2か月で少年院への戻し収容申請を行って家庭裁判所に認められ，送致された別の医療少年院では「境界性人格障害」と診断され矯正教育が続けられた。

1年後再度の仮退院となり母親のもとに帰住し，継続的受診など精神医療との連携も保たれている。成人男性との交際から妊娠・出産という出来事はあったが，顕在化した再非行はなく，保護観察による指導が続けられている。

【事例2】児童思春期精神医療との連携だけでは事態は改善せず，少年院収容を保護観察所が求めた家庭内暴力の男子の事例

■家族状況

実父は営業課長の職にあるものの，家庭内では頑固で気難しく，暴力で家族を統制しようとする傾向が顕著。実母はパート勤務をしており，暴力的な父親を怖れ，抑うつ的である。実兄は三つ年上で大学2年生，家族との関わりを避けている。

■問題行動歴

小学校3年時より不登校で児童相談所で通所指導を受けるが，4年時には学習障害・自閉症圏の発達障害の診断で公立病院児童精神科に入院，病院内の養護学校で学習した。公立中学に入学するが，中学1年時より家庭内暴力が始まり，同じ病院の児童精神科に再入院。中卒直前に親が希望して引き取り，定時制高校に入学したが暴力は収まらず，高校2年時の4月には，テレビ録画の件で兄と取っ組み合いのケンカになり，包丁で兄の頭部と止めに入った母親の肩を傷つけた事件が警察から送致された。本人は，少年鑑別所に収容され，知能検査は92（動作性：88，言語性99），精神科医の診断は「境界性人格障害の疑い」であった。家庭裁判所は，医療機関と十分な連携を取るよう意見を添えて保護観察処分とした。

■保護観察処分後の経過

　父親は，家庭内暴力の治療で有名な医師にかかりたい，と大学病院精神科に通院させるが，本人は「あの医者とは合わない」と受診拒否。保護観察の担当官（女性）は，地元保健所に本人への関わりを要請すると共に，大学病院の医療相談室に家族への働きかけを依頼した。また，高校の担任からも校内での様子を逐次連絡してもらうなど関係機関との連携づくりに努めた。本人は，担任教諭と相談し清掃のアルバイトに就くが，父親が勤務先を不況で解雇され，兄の学費を借金し，取り立てが自宅まで来るなど家庭内が混乱した。高2の9月には，母親が「本人を殺して私も死ぬ」，父親も「本人を殺す」と担当官に訴えるようになったため，法務省の関連法人である「更生保護施設」に本人を一時的に入所させる緊急措置をとった。

■激しい行動化と家庭裁判所への通告

　施設には「食事の栄養バランスが悪い，水道水は飲めないから麦茶を用意しろ」と要求がましく，また，深夜に近隣の自動販売機を壊したが,「服用している薬のせいだ」,「直前に父親に電話していてむかついたから」と自己責任を回避する発言に終始した。担当官が，本人の指導に関して父親に連絡すると，「小娘から指導される筋合いはない」と激高，母親に対し「保護観察の奴はぶっ殺してやる」と息巻く始末である。今後は，保護観察所において高校，児童相談所，更生保護施設の関係者が協議を重ねることとし，高校側の提案で別の思春期外来を受診して境界性人格障害の診断を受けた。

　正月に自宅へ帰ったが，自分の頼みを親がきかないと大暴れして「放火してやる」と興奮したことから，本人・保護者も交え主治医と処遇協議を実施。「アパートを借りて自立生活する」との方針が決まったが，家賃や生活資金の援助に関して本人と保護者との折り合いがつかない状態が続いた。本人はいらついて更生保護施設の部屋の壁に穴をあけ，畳をカッターナイフで切りつけるなどの行動化が激しくなり，保護観察所からの「精神障害者通報」を検討するが，主治医は「親側の対応を変えることでトラブルは

回避可能」との判断。しかし，3月になり，アルバイトから夜帰寮して居室内で大声を上げ，サバイバルナイフで自分の衣服を切り裂き，ドア・畳を突き刺す状況が出現した。保護観察所は，「社会内処遇は限界」と判断し，本人の身柄を拘束して家庭裁判所に通告し，審判を開いて少年院送致にするよう求めた。

　家庭裁判所は，少年鑑別所の判断を参考にして「精神障害は認められない」と一般少年院送致の決定を行ったが，そこでも号泣や大声を上げて暴れたため，適応障害の診断を受け医療少年院に移送された。向精神薬に依存傾向が認められたため投薬はせず，親子同席面接などにより家族関係の調整に努めた。

　仮退院して両親のもとに帰住したが，親が本人の貯金56万円を無断で生活費に使ったことが判明して親子関係が悪化，1か月後には板金工として住み込み就職し，学業も継続した。1年後に解雇され自宅に戻り，今度は空調の仕事に就いて，家族とのトラブルは多いが高校は卒業，彼女もできて家族以外の人間関係が広がり，再非行もなく成人となり保護観察も満了を迎えた。

5　精神医学的治療と非行臨床

　実は，罪を犯した少年を家庭裁判所の審判に付するのに責任能力を必要とするか，不要であるか，という基本的な法律上の議論が煮詰まっていない[8]。成人と同様に考え，責任能力のある者に対して初めて矯正教育を施すことができるとする説が法律家の間では有力のようである。そうであれば，精神疾患に加えて，知的障害や精神病質に基づく心神喪失の場合においても，家庭裁判所による保護処分ではなく，医療処分が優先することになる。筆者は，法学上の整合性や理論について議論する能力は持ち合わせていないが，非行性のある少年に対して思春期青年期精神医療を提供できる施設は，実質的に医療少年院しかない現状を見据えて判断されるべきであろう。

事例1では，仮退院を控え少年院長から県知事宛に精神保健福祉法第26条に基づく「精神障害者出院通報」がなされている。措置入院のための予備鑑定が行われ，その際，筆者の強い働きかけにより少年院からの仮退院許可を審理・決定する地方更生保護委員会及び仮退院後のスーパービジョンを行う保護観察所の担当官も加わり，ケース・カンファレンスを特に開催した。これを契機として地元の精神科医が出院後の受診を引き受けることを確約し，さらに，少年院の精神科医と協力して与薬内容の改善が図られた。しかし残念ながら，席上では，鑑定医の「狭義の精神病でなく，重い人格障害である以上矯正教育で担うべきである」という主張と少年院の医務課長（精神科医）の「通常の2倍，2年余りも矯正処遇を行い，もうなすべきものはない。現実に〈自傷他害のおそれ〉があるならば措置入院の対象ではないのか」との訴えはかみ合うことがなかった。このような矯正機関と精神医療との押しつけ合いとも聞こえる議論は，佐賀の「バスジャック事件」で世間の知るところとなったが，非行臨床では，長く繰り返されてきたものにすぎない。

　事の根本は，双方のキャパシティーの問題であるが，少し整理して考えてみたい。行為障害でも軽症例であれば，家庭裁判所調査官の試験観察，あるいは保護処分である保護観察処分や一般少年院送致で十分対応可能である。神経症的葛藤の行動化としての非行に関しては，オーソドックスな心理療法的アプローチの適用であるので，精神医学との連携の問題は実務では生じていない。

　焦点となるのは，人格の大きな偏りがある行為障害の重症例への対処である。この種の少年への公的な非行臨床機関の関わりは，矯正施設，重症の行為障害であれば医療少年院で実施される矯正処遇と仮退院後実施される社会内処遇である保護観察とに区分される。さらに，医療少年院における矯正処遇は，医務課に所属する精神科医などによる治療と教育部門に属する教官による矯正教育とに分かれる。名称は医療少年院で

あるが，本質は少年院であるので，施設内のイニシアティヴは教官による集団生活をベースとした矯正教育にあり，眼前の問題行動に焦点を当て，善悪是非の弁別を行い，信賞必罰を旨として，問題行動に応じて課題を与えるなど，広い意味での行動療法が行われている(9)。一方，医務課の役割は，矯正教育が円滑に実施されるための精神疾患の治療であり，興奮を抑え，攻撃性を緩和する薬物療法などの精神医学的治療といえるであろう(10)。

　これらの施設処遇を民間が大半の精神医療機関に委ねるのは，医療経済的にも現実的ではない。第一，児童思春期専用の精神科病棟を持つ国公立病院は10数カ所，これに児童・青年期患者の入院設備を持つ私立病院を加えても約20施設にすぎないのである。また，日本児童青年精神医学会の学会認定医は80余名であるという事実からも，児童思春期精神医療の専門家が極端に不足している現状が見て取れるであろう(11)。

　そうであれば，矯正施設である関東医療少年院（東京都府中市）及び京都医療少年院（京都府宇治市）というわずか2か所にすぎない重篤な行為障害に対応できる医療少年院の増設と少年院内において精神療法的アプローチをも行える態勢を整えることが喫緊の課題となる。さらに，通常は2年以内，佐賀の「バスジャック少年」など特異な非行少年に限って5年間以上といった固定的な収容期間を裁判所が定めるのではなく，少年の改善状況や家族調整の進展，被害者感情などを顧慮して柔軟に在院期間が変更できる運用が不可欠であろう。

　次の問題は，少年院を仮退院した後の社会内処遇の充実である(12)。凶悪な少年非行を犯した少年の更生率が議論となっているが，事例1に限らず，深刻な家庭崩壊が認められる非行の事例は今も少なくない。このような事例に対しては，繰り返しになるが家族代理の役割を援助者が担うことが必要である。引受人のいない少年の少年院からの帰住先としては「更生保護施設」が法務省の関連法人として設けられていることは

第4章で述べたが，大半は刑務所からの出所者のための施設であり，青少年の専用施設は5か所のみで，青少年の自立援助に相応しい処遇プログラムを持つところは少ない。

　また，事例2のように，仮退院後の社会心理的援助を行う保護観察所の保護観察官が数少ない思春期青年期患者を取り扱う精神医療機関や保健所などと連携を図る努力は積み重ねているが，何分にも法律上の裏付けがなく組織的な取り組みがなされていない。さらに，保護観察所に精神科医の嘱託医がおらず，保護観察官に精神医療に関する教育・研修が十分になされていない現状では，有効な機関同士の連携がなされる可能性は少ないと言わざるをえない。

　「心神喪失者等医療観察法」では，保護観察所は精神医療機関退院後の生活環境の調整を行い，その調査結果を裁判所に報告することとされている[13]。精神保健に精通した「社会復帰調整官」と呼ばれるスタッフが新たに配置され，指定通院医療機関などと協議して処遇実施計画を策定し，関係機関との協力・連携を図り精神保健観察を実施することが求められている。この法案自体は成人犯罪者を対象としたものであるが，精神障害を抱えた少年に対する保護観察においても，そのパワーアップが十分に寄与することを期待したい。

6　おわりに

　アメリカの著名な児童精神医学者Healy, W.が，1900年代初頭のシカゴにおいて，少年非行と精神医学との密接な提携のもと，成人とは異なった力動的アプローチが不可欠であることを主張した先駆的業績以来，少年非行は精神医学者の関心対象であったはずである。しかし，社会の耳目を集めた事件に関する精神医学の知見を援用した分析は別として，現実の臨床対象となると，少なくともわが国では，薬物乱用や家庭内暴

力などそのごく一部であった[14]。「行為障害」という診断名が流布したことを好機として，非行臨床との有機的連携の下で，精神医学の重要な実践領域となることを期待している。非行対策を思春期青年期の子どもの社会的ケアとして位置づけ，医療，教育，福祉，司法・矯正保護の各機関間の連携のあり方とそれを可能とする具体的なアクセス方法を含めた対応システムの構築が喫緊の課題である。

● 引用・参考文献

（1）山本輝之「精神医療と重大な犯罪行為を行った精神障害者」，『Jurist』1230号，6-13, 2002.9.15
（2）猪股丈二・村尾泰弘「思春期青年期の行為障害」，『思春期青年期精神医学』9巻2号，103-116, 1999
（3）齊藤万比古「児童精神医学の立場から」，『こころの科学』102号，28-35, 2002
（4）原田隆之・吉村雅世「非行と行為障害」，『犯罪心理学研究』38巻特別号，18-19, 2000
（5）佐藤泰三「行為障害のcomorbidity——発達障害の観点から」，『臨床精神医学』30巻6号，611-616, 2001
（6）原田謙「AD/HDと反抗挑戦性障害・行為障害」，『精神科治療学』17巻2号，171-178. 2002
（7）福島章『子どもの脳が危ない』，PHP新書. 2000
（8）岩井宜子「少年犯罪と刑事責任能力.『現代刑事法』36号，68-75, 2002
（9）細水令子・西口芳伯「医療少年院における『境界例』少年の治療・矯正について」，生島浩・村松励（編）『非行臨床の実践』，金剛出版，1998
（10）奥村雄介「行為障害の矯正治療」，『こころの科学』93号，47-54, 2000
（11）清水將之『子ども臨床』，日本評論社，2001
（12）法務省保護局「更生保護の現状」，『法曹時報』54巻6号，1677-1729, 2002
（13）林美月子「心神喪失者医療観察法案について」，『Jurist』1230号，21-25, 2002.9.15

(14) 生島浩「わが国における非行臨床の現状と課題」,『思春期青年期精神医学』10巻1号, 52-69, 2000

第9章

凶悪な少年は立ち直れるのか
―― 重大な非行への対応 ――

1　はじめに

　「あんなことをした少年は，二度と立ち直れるはずがない」，1999年に山口県で起きた「母子殺人事件」の犯人である18歳の少年に対し，2002年3月無期懲役の控訴審判決が言い渡されたが，凶悪化した少年非行をテーマとしたテレビ番組から聞こえてきた発言が耳から離れない。明確な根拠はないのであろうが，実感としては，「そのとおりだ」とうなずく視聴者が大半だったのではないだろうか。とりわけ2000年には，3人が死傷した佐賀のバスジャック事件，名古屋の中学生による5,000万円を超える恐喝事件，大分県の17歳の少年による一家6人殺傷事件，さらには，愛知県の高校3年生の男子が「人を殺す経験をしようと思った」と65歳の主婦を殺害した殺人事件が立て続けに起こったことは今も記憶にとどまっているであろう。思春期特有の一過性の逸脱行動，すなわち〈子どもの過ち〉とみなすことが難しい，成人犯罪を凌ぐ凶悪な非行が頻発していることは間違いない事実である。
　2002年9月に福島県で強盗強姦事件を起こした15歳の少年が，少年

①殺人

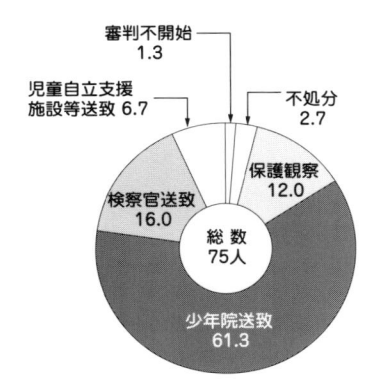

- 審判不開始 1.3
- 児童自立支援施設等送致 6.7
- 不処分 2.7
- 保護観察 12.0
- 検察官送致 16.0
- 少年院送致 61.3
- 総数 75人

②強盗

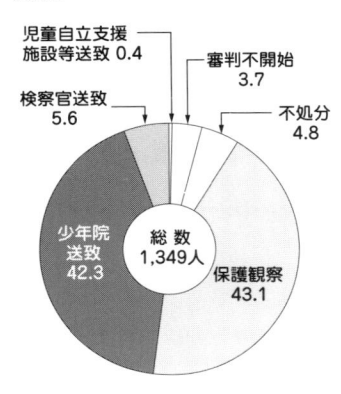

- 児童自立支援施設等送致 0.4
- 審判不開始 3.7
- 検察官送致 5.6
- 不処分 4.8
- 少年院送致 42.3
- 保護観察 43.1
- 総数 1,349人

注1　司法統計年報による。
　2　総数は，「検察官送致（刑事処分相当）」，「保護観察」，「少年院送致」，「知事等送致」「児童自立支援施設等送致」，「不処分」，「審判不開始」となった人員の合計である。
　3　「知事等送致」には児童相談所長送致を含む。
　4　『平成14年版犯罪白書』197頁より転記。

図1　凶悪犯に係る犯罪少年の家庭裁判所終局処理人員構成比（平成13年）

　法改正後初めて成人と同様に刑事裁判を受けるべく同年12月に起訴されたことが大きな話題となったが，裁判に時間がかかったので，この少年が16歳未満の初の受刑者となることはなかった。殺人・強盗といった凶悪な非行を行った少年の多くは，図1のとおり刑事裁判を受けるための検察官送致ではなく家庭裁判所で言い渡される保護処分のひとつである少年院送致となっている。14歳以上で実刑判決を受ければ16歳になるまでは少年院で，その後は全国8か所の少年刑務所に収容されるが，平成13年の少年新受刑者は55人（うち女子3人）にすぎない。
　本章では，罪名としての凶悪犯に限らず，少年院に収容されるような重大な非行を行い，非行性の進んだ少年の更生の可能性について，20年余り保護観察官として非行少年の社会復帰を援助してきた経験に加え

て，各種統計も参照しながら検証してみたい。

2　非行少年のタイプと立ち直りの可能性

　非行少年の立ち直りを論じるときに，次の三つの分けて理解することが適当であり，その可能性や道筋も異なると臨床経験から考えている。当然のことながら，それぞれは重なり合っている部分も多く，どのタイプの少年にも当てはまる更生の要件は，家族や学校に受け入れられること，そして非行少年というレッテル貼りに負けることなく，中学卒・高校中退といったハンディキャップを乗り越えて，意にかなう就職先でなくとも一定期間就労を継続できるかどうかにかかっている。

（1）マイナスの集積を背負った非行少年

　このタイプの少年は，親の離婚を典型として生育歴が複雑で，父親の失業や飲酒・ギャンブル癖，母親の病気など家庭のマイナス要因が目立つ。本人の知的能力も恵まれず，小学校時代から問題行動が始まっていることも少なくない。中学に入って万引・シンナー・粗暴非行と拡大し，中学卒業，あるいは高校を中退して不良交遊のなかで重大な非行を犯すといった「古典的な」非行少年のタイプである。彼らは，時代の変化をあまり受けることなく，児童自立支援施設（かつての教護院）や少年院の在院者のなかのかなりの部分を今も占めている。

　彼らの中には，不良交遊が切れずに再非行・再犯を重ねる者もいるが，年齢を加えるなかで社会性が成熟し，就労や異性との関わりのなかで立ち直りのきっかけをつかんでいく少年もけっしてめずらしくない。

【事例1】
　　　Ａ男は，出生当時から両親が不仲で，小学2年時には実父が家

を出て別居している。中学2年時に母親が再婚，そのころから行状不良な先輩との交遊が始まり，シンナー乱用，窃盗などを繰り返すようになった。中卒後，自動車整備士見習いとして働き始めたが，先輩の勧めで暴走族に参加，仕事もじきに辞めてしまった。17歳になった5月に対立する暴走族との集団乱闘事件に加わり，鉄パイプで殴りかかって少年1名を脳挫傷により死亡させたことにより，7月に少年院（長期処遇）へ送致された。

　少年院には1年2か月の間収容され，18歳になった9月に仮退院し，実父の兄夫婦のもとに帰住して板金の仕事に就いた。翌年の7月にはナンパした女性と結婚し，12月には長女が誕生，板金工として一人前となることを目標に精勤した。親子の生活を大事するなかで，かつての暴走族仲間とは絶縁することができた。また，本件の被害弁償のうち本人負担分350万円をきちんと毎月10万円ずつ支払っている。このような生活ぶりと事件への反省ぶりが認められ，保護観察が早く終わるよう満了日である20歳となる3か月前に，仮退院から退院となる措置がとられている。

（2）時代の鏡としての非行少年

　社会の変動を反映した「時代の鏡」と理解できる非行としては，流行語となった「おやじ狩り」と呼ばれる中年男性に対する強盗事件などが例として挙げられる。また，イラン人の密売組織などの登場によってシンナー並みに入手しやすくなった覚せい剤の乱用が少年に拡がり，出会い系サイトの登場や携帯電話の普及により「援助交際」などの性非行が増加している。その種の非行自体は古典的であるが，わが国の国際化・情報化の波を受け，手口や内容が社会状況を強く反映していることが特徴的である。

　このタイプの少年の中に，警察庁のいう「これまで補導歴のない普通の少年がいきなり重大な非行を敢行する」といったものが含まれる。その背景に，少子化のなかで校則違反が著しくとも高校中退とならず，無

断外泊を重ねながら携帯で思い出したように連絡を取っていれば家出として補導されない社会の変化がある。留意すべきは，学校や家庭での居場所のなさは深刻であり，本件非行を機に隠蔽された問題が一挙に顕在化し，再非行を重ねる事案も少なくないという事実である。

【事例2】
　B子は，鉄工所を自営する両親，姉・兄の恵まれた家庭環境で育った。中学2年頃から髪の脱色等のおしゃれや異性への関心が強まり3年時には彼氏と初交。中学を卒業し，本人の強い希望で美容学校に入学した。しかし，1か月ほどで遊ぶ方が楽しくなり怠学が目立ち，"暇つぶし"にシンナー乱用を始め，その売人と代金を払わず性交渉を持つようになった。16歳になり美容学校を中退したが，その学校の同級生と家出中にシンナーの売人から初めて覚せい剤を打ってもらった。しだいにナンパされて付き合う男性が10歳以上年長となり，マリファナや覚せい剤を打ちながら性交渉を持つようになる。その間，両親は薬物乱用には気付かず，本人は短期間美容院で働いていた。18歳になり，暴力団員とホテルで覚せい剤を打ち，妄想・幻覚が生じて警察に110番通報され，家庭裁判所の審判で少年院送致となった。
　少年院には9か月余り収容され，19歳になった5月に仮退院し両親のもとに帰住した。車の運転免許を取ってから仕事に就くはずであったが，教習所もさぼりがちで，ナンパされた男と無断外泊を重ね，12月には大麻や覚せい剤を再び使用し始めた。保護観察所の就労指導に対しては，「工員などでは割に合わない，おしゃれができるから水商売がいい」と拒否的で，母親は外泊先を探し出し迎えに行くが，また翌日には飛び出すという繰り返しであった。結局，注射痕を見つけた親が警察に通報し，年が明けた1月に再度の少年院送致となった。
　薬物への依存性が深まっており，最も枠組みの厳しい特別少年院で「薬物」や「性」などに関する問題性別指導などの矯正教育を受けたが，当初は「これぐらいたいしたことない，ばれなきゃ

いい」と在院生同士の電話番号の教え合いなど規律違反が続いた。1年2か月と通常より長い収容を経て仮退院となり，両親のもとに帰住した。間もなくパートの仕事に就き，彼氏もできるが，特に薬物関係などのある不良な交友関係は生じておらず，成人後も期間延長されていた保護観察は成績良好のうちに満了となった。

(3) 突出した特異な非行少年

　何年かに一度は，社会を驚愕させるような特異な事件が起こることは否定しがたい。たとえば，1980年の「金属バット両親殺害事件」(神奈川県・川崎市)，1983年の「浮浪者連続襲撃事件」(横浜市)，1988年の「女子高生コンクリート詰め殺人事件」(東京・足立区)，1992年の「一家4人強盗殺人事件」(千葉県・市川市)，そして1997年の「小学生連続殺傷事件」(神戸市)などセンセーショナルに報道された事件などがそれに該当するであろう。前述した17歳の少年による「バスジャック事件」(佐賀県)もそうだが，精神障害が疑われる少年による非行であることも少なくなく，〈少年非行の凶悪化〉とむやみに一般化するのは適当でない。

　このタイプに属する少年が更生するかは，はっきり言って予測不能というほかはない。神戸の「酒鬼薔薇少年」と同様の事件が，30年以上前にも起きていることは，「文藝春秋」(1997年12月号) などが取り上げている。1969年に横浜で起きた「中学時代からいじめられてきた同級生を殺害し，首を切断した15歳の少年」の事件で，少年の精神状態等について詳細な鑑定が行われ，少年院送致となったケースである。当時の鑑別診断では，「性格偏奇は大きく，うっ積された攻撃性，衝動性が統制されずに爆発する危険性が多分にあり，予後は楽観できない」とされた少年だが，出院後は再犯などの問題行動もなく，社会人として成功した人生を送っていると伝えられている。精神鑑定人の一人であった

福島章（現上智大学名誉教授）は、少年は分裂病質であり、脳に異常所見が認められる《早幼児期脳障害》と診断し、「十代半ばで殺人を犯すような少年には脳に障害がある場合が少なくない。事件の重大さ・異常さにもかかわらず、彼らの予後はけっして悪くない」と近著のなかで述べている[1]。

　もうひとつの例として、1979年に大阪で起きた「三菱銀行猟銃強盗人質事件」を取り上げたい。最後は警察官に射殺された犯人・梅川昭美（当時30歳）も、15歳のときに強盗致死事件を起こして少年院に送致されている。審判を行った広島家庭裁判所は、「少年の病質的人格はすでに根深く形成されていて、容易に矯正し得ない段階にきていること、また少年が今後社会にあれば同様に多種の非行を繰り返し再び犠牲者の出る可能性がある」と所見を明らかにしている。果たして、予測どおり凶悪な事件を再び起こした、とも言えるであろう。だが、少年時の事件以後の15年間は、交通違反1回だけで再非行・再犯と呼べるものがないという事実から、ある時期更生した、と考えることもできるのではないだろうか[2]。

3　統計からみる非行少年の予後

　図2（第3章図2と同じ）は、任意に選択した年次の少年の世代別非行少年率（各年齢ごとの、道路上の交通事故に係る業務上過失致死等を除く刑法犯検挙人員が、同年齢の少年人口10万人当たりに占める比率）が、その後の少年の成長に従ってどのように変化したかを示したものである。どの年次をとっても、おおむね14歳から16歳の時に高率となり、その時期に最も頻繁に非行を行うが、その後は次第に非行から遠ざかることを示しており、非行の大半が「思春期危機」の一つであることは間違いない。ただし、非行少年率が最も高くなる年齢を見ると、昭和45

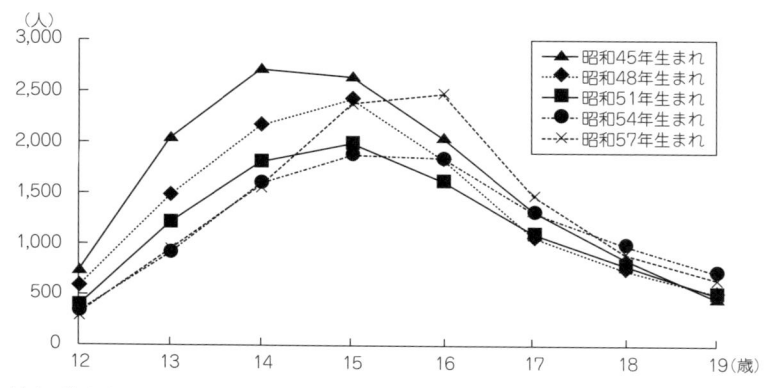

注1　警察庁の統計及び総務省統計局の人口資料による。
　2　各年に生まれた者が，それぞれ12歳から19歳の各年齢において非行少年となる率（同年齢人口10万人当たりの少年刑法犯検挙人員）を示している。
　3　道路上の交通事故に係る業務上過失致死等を除く。
　4　『平成14年版犯罪白書』188頁より転記。

図2　非行少年率の推移

年生まれでは14歳時であったのが，昭和57年生まれでは16歳時に移行しており，遅く生まれた世代の少年ほど年齢が高くなっていることが分かる。これは，非行から足を洗う年齢が高くなっていることを意味しており，〈非行少年の未熟化〉を示しているといえよう。

　それでは，思春期特有の一過性の逸脱行動として，誰もがこの時期を乗り越えられるかというと，そうとは言い切れない。全国規模の調査はないが，大都市圏に位置するQ県での，1977年度に生まれた少年たちの19歳（正確には1996年12月）までの警察による補導記録を分析した研究を紹介しよう[3]。それによると，19歳までに内容にかかわらず1回でも非行を行う者の割合は，男子は12.5％，女子は3.9％であるが，1回で終わるものが73.5％，女子は79.5％を占めている。つまり，おおよそ4分の1が再非行を重ねる者となるわけであるが，その率がたとえば男子であれば，初回→2回では26.5％，2回→3回では41.9％，それ

```
        初回              2回目            3回目            4回目            5回目
男子  ┌──────┐ 26.5% ┌──────┐ 41.9% ┌──────┐ 51.6% ┌──────┐ 57.3% ┌──────┐
      │ 7410 │ ────▶ │ 1964 │ ────▶ │ 822  │ ────▶ │ 424  │ ────▶ │ 243  │
      └──────┘       └──────┘       └──────┘       └──────┘       └──────┘

女子  ┌──────┐ 20.5% ┌──────┐ 31.7% ┌──────┐ 37.3% ┌──────┐ 41.5% ┌──────┐
      │ 2181 │ ────▶ │ 488  │ ────▶ │ 142  │ ────▶ │  53  │ ────▶ │  22  │
      └──────┘       └──────┘       └──────┘       └──────┘       └──────┘
```

図3　非行回数と再非行率

以上では50％を優に超えてしまう事実に注目したい（図3参照）。

ところで，凶悪な非行を行うなどして少年院に収容された少年の「更生率」が問題となる。ひとつには，少年院を仮退院すると原則として20歳までは保護観察となることから，その期間中に再非行により処分された者の割合を「再犯率」として計算することができる。その率は，長期的に観察しても約25％の範囲にあり，再び凶悪な犯罪を行ったことなどにより実刑に処せられた者の比率は，0.3％前後にすぎない（表1参照）。また，筆者らの研究で少し古い資料となるが[4]，非行名別の再犯率を見ると，殺人により少年院に入った者の再犯率は実数が少ないためにその年によりかなり変動が大きいものの，薬物事犯に比べけっして高くないことが分かる（表2参照）。ただし，これらの数字には，再非行があっても保護観察期間中に処分が決まらなかったり，家庭裁判所で不処分・審判不開始となった軽微な事件は計上されていない。非行少年の更生率を冷静に議論するには，少年時代の非行歴に加えて，成人となってからも一定期間の追跡調査を法務省などが組織的・継続的に行うことが必要不可欠であるが，少年法上の制約があるのか実施されていない。

ここで強調したいのは，母集団である少年院に送致される少年というのは，家庭裁判所に送致される非行少年の4％にすぎない《非行性が極めて進んだ》少年であるという事実である。確かに少なくない数の非行少年が，再非行を重ね，成人となっても犯罪に陥る事実がある。しかし，

表1 少年院仮退院者の再処分率

年次	保護観察終了人員	再処分率	処分内容 懲役・禁錮 実刑	執行猶予	罰金 一般	交通	少年院送致	保護観察	その他
4	4,384	25.0	0.3	0.5	0.3	1.5	17.0	5.5	0.0
5	4,370	22.0	0.2	0.3	0.4	1.4	14.1	5.5	0.0
6	4,276	20.5	0.3	0.4	0.2	1.2	13.4	5.0	−
7	4,027	21.5	0.3	0.6	0.2	1.4	13.7	5.1	0.1
8	3,484	19.7	0.1	0.5	0.1	1.6	12.0	5.2	0.1
9	3,540	22.4	0.2	0.5	0.4	1.4	14.4	5.6	0.0
10	4,272	24.3	0.2	0.4	0.2	1.5	16.1	5.9	0.0
11	4,571	22.5	0.3	0.5	0.1	1.2	14.8	5.5	0.1
12	4,799	23.6	0.2	0.4	0.2	1.2	15.4	6.1	0.0
13	5,397	25.3	0.2	0.4	0.2	1.1	16.9	6.5	0.1

注1 保護統計年報による。
 2 「その他」は，拘留，科料，起訴猶予，児童自立支援施設送致等である。
 3 「保護観察処分少年」には，交通短期保護観察少年を含まない。
 4 「処分内容」の数値は，保護観察終了人員に対する比率である。
 5 『平成14年版犯罪白書』227頁より転記。

表2 少年院仮退院者の受理時非行名別再犯率の推移

年次	少年院仮退院者全体		殺人		強盗		薬物事犯	
	終了人員	再犯率	終了人員	再犯率	終了人員	再犯率	終了人員	再犯率
累計	43,648	23.8	239	12.1	1,465	20.3	5,651	16.5
63年	5,456	27.7	28	14.3	133	23.3	720	18.6
元	5,203	26.7	20	5.0	143	18.2	652	16.7
2	4,534	24.7	20	10.0	125	18.4	503	19.5
3	4,374	24.9	31	9.7	111	18.0	486	17.7
4	4,384	25.0	29	10.3	128	22.7	575	18.1
5	4,370	22.0	24	16.7	144	22.9	624	14.7
6	4,276	20.5	31	3.2	151	24.5	596	16.4
7	4,027	21.5	11	18.2	155	18.7	517	16.6
8	3,484	19.7	23	13.0	158	19.6	490	13.7
9	3,540	22.4	22	27.3	217	17.5	488	11.9

注 「薬物事犯」とは，麻薬及び向精神薬取締法違反，覚せい剤取締法違反および毒物及び劇物取締法違反である。

一方で《非行性が極めて進んだ》少年たちでも矯正教育を受け，仮釈放後は保護観察による指導も受けながら，その3分の2は非行から抜け出して成人を迎えているのである。

4　凶悪な非行に対する臨床的課題

　良くも悪くも参照されることの多いアメリカの非行少年に対する矯正モデルは，少年の社会復帰を第一義的に考え，それに必要な心理的援助や社会的訓練を重視するものから，公共の安全のために施設収容することを優先し，被害者への賠償を命じるものへと，ここ20年余りの間に大きく変わってきている[5]。

　わが国でも，これまで述べてきたように少年非行の深刻化と被害者への関心の高まりを背景に，同様の対応を求める声が急速に大きくなってきている。このような厳しい社会的要請との折り合いを図りながら，「非行少年の社会復帰過程を援助する」という大目的を後退させることのない処遇プログラムの開発・展開が，非行臨床の最大の課題である。とりわけ，社会に大きな不安を与える凶悪・特異な非行，あるいは，青少年に重大な悪影響を与える薬物乱用に対しては，非行臨床が従来行ってきた生活指導中心の働きかけだけでは再非行を防ぐことが難しく，思春期青年期精神医学の協力を仰ぐことが，一層必要となってきている。

　かつて保護観察官をしていた当時の筆者の重要な責務は，ケース・マネージメントを行うことであったが，とりわけ，思春期外来のある病院を探し当て，精神保健福祉センターとの連携を図る作業は困難を極めた。第8章で述べたように，思春期・青年期患者に対する精神医療の臨床経験が豊かで，同時に非行・犯罪臨床に精通した専門医の数は明らかに不足している。医療少年院に収容された統合失調症（精神分裂病）患者の実態調査でも，多くは病前に重大な犯罪性が認められ，発症後3年以上

経過しているにもかかわらず約半数に治療経験がないことが報告されている[6]。また，深刻化している薬物依存・薬物中毒者の入院は大半の病院から嫌避され，専門病棟は国立下総療養所にわずか32床設置されているにすぎない。保護観察処遇の一環として，精神保健福祉センターなどで開催される「薬物教育プログラム」の受講や自助グループに参加することを推奨しているが，現実には治療的動機付けが乏しく参加する者は少ない。現在は行われていないが，裁判所の受講命令や不参加であれば施設収容するといったペナルティーが必要であろう。

医療少年院から出院するに際し，「出てからも不安なので治療機関を紹介して欲しい」と少年院の精神科医に尋ねた家族に対して，「電話帳で調べた方がいい，私が紹介すると覚せい剤をやって少年院へ入っていたと分かってしまう」と助言された笑えない事例も経験した。「自発的受診・入院しか精神医療の対象としない」，「たとえ自傷・他害のおそれがあろうと人格障害ではだめで，狭義の精神病（統合失調症）しか措置入院の対象にならない」，あるいは，「薬物依存者は底つきを経験し治療的動機付けがしっかりしていなければ治療できない」といった精神科医の認識が続けば，精神医学的アプローチを必要とする非行少年は，実質的に切り捨てられていくことを強調したい。

5 おわりに

冒頭の山口県の母子殺害事件は，犯人が少年であった故の判決内容と受け止められているようだが，若年・初犯者の犯罪であり，被害者の数なども考慮に入れれば，加害者が仮に成人であっても死刑判決となったかは微妙である。しかし，被害者（遺族）の心情とすれば，加害者の年齢にかかわらず極刑を望むのは当然であり，「発達途上にある少年の可塑性を信じて」というような言辞を軽々しく述べることは厳に慎みたい

と思う。

「取り返しのつかないことをやった子ども」は，必ずしも「取り返しのつかない子ども」ではない。核心は，彼らが犯した過ちに気付く時間と場所を整え，もう一度われわれのもとに受け入れる機会を与えることができなくなった社会は，じきに閉塞してしまうという危機感である。

●**参考文献**
（1）福島章『子どもの脳が危ない』，PHP新書，2000
（2）毎日新聞社会部編『破滅——梅川昭美の30年——』，幻冬舎アウトロー文庫，1997
（3）米里誠司・原田豊「1977年度生まれのコーホートの非行記録分析」，『科学警察研究所報告防犯少年編』38巻1号，60-68，1997
（4）生島浩・河原田徹「少年に対する保護観察は機能しているのか」，『犯罪と非行』121号，166-183，1999
（5）ローレンス，R.，平野裕二（訳）『学校犯罪と少年非行』，日本評論社，1999
（6）田辺文夫「精神分裂病を病む非行少年達について」，『矯正医学』44巻，2-4，1-17，1996

初出一覧（タイトルは原題）

ただし、いずれの章も初出論文を再構成し、大幅に加筆修正した。

第1章　改正少年法と非行臨床機関——非行少年はどのように扱われるのか——
書き下ろし

第2章　少年非行の動向と非行臨床の今日的課題
「非行臨床の基本問題——処遇上の課題と対応策——」（『犯罪と非行』129号，2001年8月，（財）日立みらい財団）
「非行臨床の今日的課題」（『こころの科学』102号，2002年3月，日本評論社）

第3章　司法・矯正領域における心理臨床モデル
「司法・矯正領域における活動モデル」（『講座臨床心理学6　社会臨床心理学』，東京大学出版会，2002年）

第4章　非行臨床における家族問題への対応——家庭崩壊と家庭内暴力を中心に——
「家族崩壊の現状——非行臨床の視点から」（『現代のエスプリ——学校心理臨床と家族支援——』407，至文堂，2001年6月）
「家庭内暴力の根源」（『ケースファイル非行の理由』，専修大学出版局，2000年）

第5章　非行臨床における心理教育的アプローチ——保護観察所における「家族教室」の試み——
書き下ろし

第6章　学校心理臨床における非行問題
「家族のサポーターになる」（『刑政』，平成14年11月号，（財）矯正協会）

第7章　非行少年の被害体験と贖罪——非行臨床におけるトラウマへの対応——
「非行少年の思いやりの回復」（『児童心理』1999年9月号，金子書房）
「子どものトラウマと家族」（『子どものトラウマと心のケア』，誠信書房，

1999年）

第8章　少年非行と行為障害——精神障害を抱えた非行少年への対応——
「行為障害と少年非行」（『臨床精神医学』第30巻6号，2001年）
「司法・矯正保護機関から見た児童思春期医療・保健・福祉のシステム化に関する研究」（厚生科学研究費補助金障害保健福祉総合研究事業『児童思春期医療・保健・福祉のシステム化に関する研究』（主任研究者：齊藤万比古）平成13年度総括・分担研究報告書）

第9章　凶悪な少年は立ち直れるのか
凶悪な少年は立ち直れるのか（『こころの科学』92号，2000年7月，日本評論社）

著者略歴
生島　浩（しょうじま・ひろし）
1956年　東京に生まれる
1979年　一橋大学社会学部を卒業し，法務省に入省。
　　　　東京及び横浜保護観察所の保護観察官などを経て
1992年　筑波大学院修士課程教育研究科カウンセリング専攻修了
1996年　法務省法務総合研究所研究部室長研究官
2000年　法務省浦和保護観察所観察第一課長
現　在　福島大学大学院教育学研究科教授
2004年1月　本書『非行臨床の焦点』により第5回「菊田クリミノロジー賞」
　　　　（主催：NPO全国犯罪非行協議会）を受賞

主要な著書
『非行少年への対応と援助』（金剛出版，単著，1993年）
『非行臨床の実践』（金剛出版，編著，1998年）
『悩みを抱えられない少年たち』（日本評論社，単著，1999年）
『思春期青年期ケース研究9　暴力と思春期』（岩崎学術出版，共編著，2001年）
　　など

非行臨床の焦点

2003年4月15日　発行
2005年7月31日　三刷

著　者　生島　浩
発行者　田中　春夫

印刷・平河工業社　製本・河上製本

発行所　株式会社　金剛出版
〒112-0005　東京都文京区水道1-5-16
電話03-3815-6661　振替00120-6-34848

ISBN4-7724-0776-6　C3011　　Printed in Japan

非行少年への対応と援助
非行臨床実践ガイド

生島　浩著
四六判210頁　定価2,625円

　現代社会を反映して大きく変わってきた非行少年を，どのように理解し，処遇・対処し，そして援助してゆけばよいのか。

　非行臨床の現場で担当者の抱くこれらの疑問に，明確な枠組みを持った処遇技術を提出することが本書の主題である。非行に対する処遇について論じられたものの多くは，カウンセリングや精神医学など他の領域からの借り物であったが，著者は非行臨床固有の構造と対象者の特質を踏まえて，自らの経験と研究の蓄積から臨床家に「使い手のある」技法を一つずつ取り上げ，具体的な事例をもとにその実際を詳述している。

　また非行臨床においては，家族への対応と援助も大きな比重を占めることから，家族援助の理論と実際の技法についても多くの頁が割かれているのも本書の特色である。

　対象者への処遇が援助として有効な，同時に臨床家にとってもその負担を軽減するような面接を行うための「マニュアル」として，本書は非行や非行に類する行動化を伴う事例の対応に出会うことの多い臨床家に多くの示唆を与えてくれるであろう。

□おもな目次
序　　（国士館大学教授）西村春夫
第一章　非行少年処遇の流れ
第二章　非行臨床の課題
第三章　非行少年に対する面接「作法」
第四章　協働治療論
第五章　非行臨床における家族援助の意義と方法
第六章　非行臨床における家族援助の実際
第七章　処遇困難な事例への対応
第八章　年少非行への対応

価格は消費税込み（5％）です

非行カウンセリング入門
背伸びと行動化を扱う心理臨床

藤掛　明著
四六判188頁　定価2,310円

　非行や行動化に見られる「背伸び・やせ我慢」をキーワードに，非行の本質を理解するための「目のつけどころ」を平易に説き明かし，その理解がどのように援助的アプローチにつながっていくのか，効果的な面接の「かんどころ」はどこか，その道筋を著者自身の体験と事例をもとに具体的にわかりやすく示す。
　非行・犯罪の実務家だけではなく，行動化する若者たちの援助に取り組むすべての心理臨床家に新しい視点を提供する。

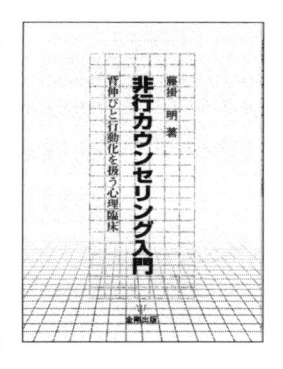

非行臨床の実践
生島　浩・村松　励編
Ａ5判220頁　定価3,360円

　本書は，非行からの立ち直りの道筋と手だてに関して，臨床家の立場から理論化を図り，治療構造とアプローチの実際について詳述したものである。警察署，家庭裁判所，少年鑑別所，児童相談所，教護院，保護観察所，少年院，少年刑務所において非行問題と現実に日夜格闘している中堅の実務家が，現代的な非行の実例を呈示しつつ実際の処遇・面接技法とその有用性や限界・問題点に触れた。非行臨床家および青年期の心理臨床に携わる者やスクールカウンセラーのための，非行臨床最前線からの報告である。

価格は消費税込み（5％）です

介護者と家族の心のケア
渡辺俊之著　介護者と家族の心の状態を詳細に解説し、援助者の対応のポイントを示す。また、「介護家族カウンセリング」の理論と技法を紹介する。　2,940円

こころの援助レシピ
岡田隆介著　面接室を厨房になぞらえて、3つのコース別の援助技法を説いた、こころの援助者と家族におくるサービス満点の体験的面接レシピ集。　2,100円

家族療法学
L・ホフマン著／亀口憲治監訳　家族療法の最前線で活躍してきた著者により、家族療法の歴史と理論、そして自らの実践・研究の成果が記される。　5,880円

司法精神医学と犯罪病理
中谷陽二著　精神鑑定の豊富な経験を踏まえ、犯罪病理、責任能力、触法精神障害者の治療、成年後見など多彩なテーマを論じた長年の研究の集大成。　3,990円

シュナイドマンの自殺学
E・シュナイドマン著／高橋祥友訳　多くの要因からなる自殺の本質的原因を心理的な要因に求めたシュナイドマンの研究の全貌を明らかにする。　2,940円

ロールシャッハとエクスナー
包括システムによる日本ロールシャッハ学会編　ロハ・テストの誕生から今日までの発展を辿り、解釈の実際が事例に即して語られる。　2,940円

子どもたちとのソリューション・ワーク
バーグ、スタイナー著／長谷川啓三監訳　言葉による交流が難しい幼児から、非行に走る思春期の少年たちまで、臨床家の関わり方を詳述。　4,410円

臨床心理学
最新の情報と臨床に直結した論文が満載
B5判160頁／年6回（隔月奇数月）発行／定価1,680円（税込）／年間購読料10,080円（税込、送料小社負担）

現場で役立つ精神科薬物療法入門
上島国利編著　現在わが国の精神科臨床で使用される薬物を中心に向精神薬について解説し、処方する際の心理的側面についても詳述。　2,940円

対人恐怖と社会不安障害
笠原敏彦著　多彩な病態を呈する対人恐怖、社会不安障害の概念と診断を整理し、治療面接の進め方、薬物療法のコツが詳しく解説される。　3,570円

PTSD治療ガイドライン
E・B・フォア他編／飛鳥井望他訳　治療効果において臨床的エビデンスの蓄積された治療技法を解説した専門職必携のハンドブック。　4,725円

こころと精神のはざまで
山中康裕著　表現療法やバウムテスト、内閉論、マンダラなどについて、多くの事例をもとにしながら、自らの臨床的な足跡を振り返る。　2,730円

学校コミュニティへの緊急支援の手引き
福岡県臨床心理士会編　窪田由紀・向笠章子・林幹男・浦田英範著　さまざまなコミュニティにも応用できる心理援助の実践的な手引き書。　3,990円

強迫性障害の行動療法
飯倉康郎著　診断や治療法の適応の判断、適切な治療環境の設定、曝露反応妨害法を実施する際の流れ、看護師との連携などを具体的に解説。　3,990円

自傷行為
ウォルシュ他著、松本俊彦、山口亜希子訳　多様な臨床例に見られる自傷行為について実証的に検討し病態の理解と具体的治療指針を示す。　3,990円

精神療法
わが国唯一の総合的精神療法研究誌
B5判140頁／年6回（隔月偶数月）発行／定価1,890円（税込）／年間購読料11,340円（税込、送料小社負担）

価格は消費税込み（5％）です